こじらせ男子 と お茶をする

月と文社 編

はじめに

月と文社　藤川明日香

「彼、なかなかこじらせてるよね」

いつの頃からか、そんな言葉をよく聞くようになりました。とりわけ、男性を評する言葉として使用される機会が、私の周囲では多くなっているように思います。

「こじらせ男子」のイメージを複数の人に聞いてみると、「カレーをルーから作っちゃうような人でしょ」など、こだわりが強いタイプと捉えている人もいれば、「作家になる夢を捨てきれない会社員」のように夢追い男子を想像する人、「恋愛でも友人関係でも、いやなことがあるとすぐにガラガラとシャッターを下ろしてしまう」など、心を閉ざしがちで扱いにくい男性をイメージする人……と、かなりバリエーションは豊かでした。

そして、「自分はこじらせている」と自覚する男性や、「兄がこじらせ発言をしていた」と身内を憂慮する女性、はたまた「男子はこじらせてないと面白くない」という理解度の高い女性までいて、良くも悪くも人を評する言葉として、多くの層が好んで使っている様子が見受けられました。

「こじらせ」という言葉をタイトルに使った有名な本には、2011年に出版された雨宮まみさんの『女子をこじらせて』(ポット出版、のちに幻冬舎文庫)があります。思春期から長年味わってきたという「女であることの苦しみ」を率直な言葉と赤裸々なエピソードで綴った自伝的な内容には圧倒的な力があり、書かずにはいられなかった切実な思いが伝わってきます。

雨宮さんは、ご自身のなかの「こじらせ」と過剰なほど真剣に向き合ったからこそ、これまでにない切り口のセンセーショナルなエッセイを世に出し、その「こじらせ」の要素が一定数の女性たちの共感を呼ぶものであることを明らかにしました。同時に、世間一般の当たり前の価値観や生き方に違和感を持ってしまうという「こじらせる」というあり方が、他にないものを生み出す力になるということを、苦しみながら、身をもって教えてくださったように感じています。

出版から約5年後に逝去されていることを踏まえても、雨宮さんが世に広めるきっかけをつくったともいえる、人物に対する「こじらせ」という言葉を本書のタイトルに使っていいものかどうか、悩みました。一方で、冒頭のように、ここ10年ほどでいつのまにかこの言葉が広く浸透してきていることは、雨宮さんの生きた証しでもあるように感じています。「こじらせる」というあり方は決して一様ではありませんが、世の人々に愛着を持って使われているこの言葉の包容力を信じて、雨宮さんに敬意を表し、本書のタイトルに使わせてもらうことにしました。

本書は、世間一般の「安定的な」「手堅い」キャリアや「主流の」考え方を選択せず、あえて自分の信じる道を切り開こうとしてきた、「こじらせている（いた）」という自覚を持つ男性たちへのインタビュー集です。「こじらせる」というあり方には、「思考停止にならずに立ち止まる」に近い意味合いもあると私は感じており、彼らがいかにしてその状態と向き合い、その後の行動につなげてきたかを紐解くことで、人が自身を見つめるための普遍的な視座が得られるのではないかと考えています。

理想の姿を模索して振り切った生き方ができる人は、自分と異なる境遇であっても、どこか心の琴線に触れる存在でもあります。性差への言及がはばかられる昨今ではありますが、仕事や生き方における自己実現を目指すためにもがき続けている人は、現実的と評されがちな女性よりも、男性に多いように感じます。

私は女性ではありますが、40代の最後にひとりで出版社を立ち上げるという、そこそこ思い切った行為に踏み込んでしまったこともあり、そうした男性たちのもがき方を見て、「そこまで理想を追い求めようとする姿がまぶしい」という感情を持っていることに気づきました。

社会に出てからも「自分はもっと違う何かができるはず」「もっと自分の可能性を生かせるはず」と、もがいている人、もがいてきて何かをつかんだ人がいることは、私たちにささやかな希望を見せてくれているように思います。たとえ彼らが周囲からはスマートに見えなかったとしても、内面では叫びたくなるほど苦しんでいたとしても、その人間くささに心を打たれたり刺激を受けたりする人は、私以外にもきっといるはずです。世間一般の「〇歳なんだから、そろそろ落ち着いて」「やりたいことができる人なんて、ひと握りだよ」「安定収入が得られる働き方が大事でしょう」といった声を受け流して、自分の価値観を大事にしながら納得のいく生き方に挑戦できるほうが、社会はより健全だと感じます。

本書では、理想の自分のあり方を求めてもがいてきた過去や現在を持ちながら、振り切った生き方をしている6人の男性をインタビュー対象とし、彼らがどんな思いでこれまでの人生を歩んできたのか、お茶を飲みながらじっくり話を聞き、そのやり取りの内容を記録しました。

彼らはそれぞれの分野での「知る人ぞ知る」存在で、かつ、私がたまたま知り得て興味を持った方々なので、特定のカテゴリーに偏っているとは思います。けれども、ひとりひとりの言葉や、世界に対する眼差しはオリジナリティにあふれていて、その生き方をしてきた人ならではの切実さと強さを持っていました。

登場する方々の社会的・経済的な「成功」に対する自己満足の度合いはさま

ざまです。どうすれば「成功」するのかを導き出すことが目的ではありません。本書を通じて彼らの思いに触れることで、読んでくださった方が消化しきれていなかった潜在的な思いを言語化できたり、気づきを得られたりするのではないかと考えています。

インタビューの内容は、その方の「自意識」と「生存戦略」を軸にしています。どんな自己認識をしながら、どんな道を歩んできたのか。何に影響を受け、何に傷つき、何で自信を得てきたのか、という視点で話を聞きました。それぞれの方の実際の語り口をできるだけ生かした文章にしていますので、実際に本人と「お茶をしている」感覚で読んでいただければ幸いです。

話の流れや、そのタイミングにおける状況など、インタビュー内容は偶然性に依存しますので、その方の人生や考え方のほんのひとかけらしか伝えることはできていないと思います。

うまく言語化される思い・されない思い、引き出せる言葉・引き出せない言葉が、当然ながらあるはずですが、その方のコアにある価値観を、おぼろげにでも感じ取っていただければありがたいです。

この本は、年齢・性別を問わず、タイトルやテーマが気になったすべての人に向けてお届けします。結論やアドバイスのようなものはありませんが、本書に散りばめられた、男性たちの価値観や経験、ほろ苦い思いと照らし合わせながら、自身と対話してみたり、身近な誰かを理解する助けになったりするような本になれば、とても嬉しく思います。

CONTENTS

立派な人みたいに
思われることもあるけど、
基本はしようもない人間なので。

島田潤一郎
Shimada Junichiro

夏葉社代表。１９７６年高知県生まれ。３歳から東京で育つ。日本大学商学部４年生のとき、日本大学新聞社主催の日大文芸賞に小説を応募し、第14回「文芸賞」受賞。希望していた新聞社への就職が叶わず、卒業後はアルバイトをしながら小説の新人賞に応募する日々を送る。１年間の沖縄移住、３か月間のアイルランド留学、アフリカのヒッチハイク旅行を経て、27歳で自費出版事業の会社に就職し、カスタマーサポートを担当。28歳で教科書販売の出版社に転職し、１年で退職。従兄の死に直面したのち、２００９年に33歳で出版社、株式会社夏葉社を起業。

「ひとり出版社」夏葉社の島田潤一郎さんが自身のヒストリーをつぶさに書いた『あしたから出版社』（晶文社／ちくま文庫）を読んだとき、島田さんの人生こそが文学だと感じた。暗い青春時代を送った、作家になる夢に挫折し、就職もうまくいかないなか、亡くなった従兄の両親をなぐさめる本をつくりたいという思いで、ひとりで出版社を起業した。隠れた名作である古典を復刊する仕事には、文学に対する並々ならぬ敬意が感じられ、その思いは、売り文句をいっさい排した美しい装丁からもうかがえる。

私が初めて買った夏葉社の本は、『喫茶店で松本隆さんから聞いたこと』（山下賢二著）。タイトルから構成、装丁までがシンプルで潔く、当時、前職の出版社にいた私にとって、「これ、ありなんだ…」と新種を発見したような驚きがあった。そして、このような仕事ができることが羨ましい、と思った。

その後、ひとりで出版社を立ち上げてからも、夏葉社と島田さんは、決してまねすることのできない異色の存在だと感じていた。自社以外から出版されている複数の自著のなかでの島田さんは、自身のかっこ悪いところを見せながらも、どこか高尚な存在感がある。ずるい、ずるいなあこの感じ、と思っている人はきっと、私だけではないはずだ。

ある意味でもう成功者なのかもしれないけれど、島田さんの綴る過去の思いが正直な気持ちであるなら、「こじらせ男子」として話をしてもらえるかもしれない。そう思い、まったく面識はなかったけれど、2024年3月に島田さんが東京・吉祥寺で6日間限定で開業していた「岬書店」に足を運んだ。5畳ほどの小さなスペースで島田さんが接客していて、編集者と思われる数人が島田さんと話すための順番待ちをしていた。店頭で本を数冊選んで私も順番を待ち、購入時に島田さんに自己紹介をしながら自社の本を渡し、取材の打診をしてみた。「ああ、ぼくこじらせてるんで。企画書送ってもらえたら検討します」と言ってくれた。企画書を送った3日後に、「お受けしますのでー」と返事をくれた。

当初は取材場所として世田谷区内のデニーズを指定されていたけれど、前日に「仕事が立て込んでしまったので事務所でもいいですか」と連絡があり、事務所で行うことになった。電車で向かう途中に「アイスコーヒーを買っていきますね」とメールをすると、「すでにコーヒーを2杯飲んでしまったので、セブン-イレブンでこれを買ってきてもらってもいいでしょうか…」と、「キリン 午後の紅茶 おいしい無糖 香るレモン」の500mlペットボトルを指定された。事務所に持って行くと、「すみません、ありがとうございます。これ毎日飲んでるんで」と嬉しそう。昭和のドラマの探偵事務所の応接セットみたいなソファに座り、扇風機のぶーんという音が響くなか、話を聞き始めた。この部屋全体から島田さん的な味わいが伝わってくるなあと思いながら。

「俗な自分」を肯定する

――島田さんのヒストリーは本でいろいろ拝読してますが、自意識とどう向き合うかということを軸に、改めてお聞きしていこうかなと。

はい、もう全然。ぼくのテーマです。

――ちなみになんでこの取材を受けてくださいました？

いやいや、なんかやっぱり…親しい作家の人からぼく、しまじゅん、しまじゅんって言われてるんですけど、しまじゅん生き仏《ぼとけ》路線が着々と進んでるって言われて。

――生き仏路線？

なんか聖人みたいな。確かに本だけ読んでる人は、ぼくを立派な人間みたいに思うようで。でもやっぱり基本はしょうもない人間なので、それこそこじらせていた青春時代が長かったから、そういうもの（こじらせること）に対して愛着もあるし…ということですね。人に言えないことばっかりですよ。会社を立ち上げるまで、10代から30歳ぐらいまでろくでもなかった。でもそういうことを話すのは好きだし、話す機会をいただけるのはありがたいというか。まあなんかこじらせてるので、めちゃくちゃこじらせてるんで。

——そのこじらせてるっていう感覚は、昔だけでなく、いまもですか？

うーんどうだろう。でも基本、その根は残ってると思いますよ。そういうものをフィールドとして仕事をしてる感覚がありますけどね。ちなみに、藤川さん、何年生まれですか？

——74年なので。

じゃあ、だいたい話通じますね。

——島田さんは76年ですよね。『90年代の若者たち』（夏葉社の別レーベルである岬書店から発行）って本も書かれてましたけど、だいたい通じるかと。私はオザケン聴いてたりとか。

オザケン好きですか。

——オザケンは当時結構好きでコンサートも行きましたし、フリッパーズ・ギターも好きで。

本当ですか、あの頃は最高でしたもんね。ぼく、いまだに買ってるんです、なんかいろいろ（事務所内から小沢健二が表紙の雑誌を持ってくる）。これ、昔の『B-PASS』（シンコーミュージック）とか。94年だから30年前ぐらい。こういうのばっか通販で買ってて。（オザケンが）すごい勢いに乗ってる頃。

——おおー、この感じ懐かしい……！　こういうのをいまだに買っちゃうのはなぜなんですか？

いやーもうずっとあの時代が続いてるんですよね、ぼくのなかで。90年代のカルチャーっていうか。モノが好きなんで、収集癖がいまだにありますね。

――でもこういうのが好きっていうのと、(島田さんが好む)海外文学とかの世界って結構また違うじゃないですか、それは島田さんのなかで両立してる?

もう結構地続きで。だから人間の…いまにして思うと、聖と俗の間の振れ幅がやっぱり重要な気がするんですよ。ぼく、その俗の部分をすごく大事に思っていて。聖だけの人間ってやっぱり話しててて面白くない、基本は俗っぽいんで。

――なるほど。でも、海外文学が聖かというと、そこはどうなんですかね。

いや、よく読むとすごい俗っぽいところを、たぐいまれなる才能でもって純化していく過程がかっこいいんであって。そういう俗っぽいものがない素晴らしい文学は世の中にない気がしますけど。本当に綺麗な文章でも、うわべだけだったら奥行きがないので。ジョイスとかプルーストとかセリーヌとか、ぼくの好きな作家の本は結構俗っぽいことがたくさん書いてあります。そこからそれが素晴らしいものにがーっと変わっていく過程がやっぱり文学のいいところだと思いますけどね。

――なるほど。一番聞きたかったのは、島田さんはずっとつらかった、きつかったというような、出版社を立ち上げるまでのお話を本に書かれて、その後だんだん認知が広がって、いますごいじゃないですか、人気というか。

いや、小出版社とか、主に独立系書店のなかだけで。その外へ行くと誰もぼくのこと知らないって感じですけど。

――ただ、こないだの岬書店（島田さんが期間限定で開業していた書店）でも、島田さんとお話ししたいみたいな人たちがたくさん来てて、あれを見て本当にすごいなと。

岬書店のときはすごかったけど、でもトークイベントでお客さん6人とかそんなときもあるし、人が全然来ないときもいっぱいあります。だから株が乱高下してますよ。

――乱高下…。でも、『長い読書』（みすず書房）もそうですし、島田さんに本を書いてほしいっていう出版社も後を絶たないんじゃないかなと。そういう状況をご自身ではどう感じてますか？

基本バブルだと思っていて、これは正当な評価ではないと思う。額面どおりに受け止めて、いやもういま日本の経済は株価4万なんだみたいに思ってやってたら間違いなくコケるんで、1万4000円ぐらいだと思ってやってます。それが大人だから、ははは。いや、だまされちゃダメですよ。基本的に自分の評価は高くないです。本当に素晴らしい人っていうのが世の中にはいるから。作家とか編集者とか、すごいなって人たくさんいるじゃないですか。

――ご自身の評価が高くないっていうのは、どういう理由で。

基本的に嫉妬深いとかもあるし、人の成功はそんなに喜ばないし、だいたい毎日なんかにくそったれって言ってるし。妻にはもう、口悪いからやめてくださいって言われる。

――あはは、くそったれって…どういう文脈で言うことが多いんですか。

真面目にニュース見て言ってるときもあるし、ぼくがあんまりいいなと思わないものが評価されてると、くそったれって思うし。みんな違ってみんないいっていうのは理想だけど、全然そんな感じではなくて。それはもうずっと変わらないです。

――いいなと思わないものが評価されてるって、たとえばどんなものですか。

なんかめちゃくちゃいいねがついてるツイートとか。ぼくはその、自分が過大に評価されていると思ってるから…どうすれば自分は感じよく見えて、どういう発言をすればいいねをたくさんもらえるかって、なんとなく経験的にわかるわけですよ。でもそれはやっぱりやっちゃいけないっていうか。ナルシシズムというか、そういうものには手を染めちゃいけないんで。

――ちょっとあざとい、みたいな?

そうそう。自分のたった数分間の承認欲求を満たすためにそれに手を染めるのはね…20代前半ぐらいまでの子だったらいいけど、40を超えた人とかがそれやっちゃダメなわけですよ。そういう投稿にまんまとみんながいいねがついてるのとか見ると、はあって思います。ぼくは毎日そういうところにずっぽりいて、日々よく目にするから、見てると思っちゃう。

――SNSを見すぎないように何年か前にスマホをやめてガラケーにしたと書かれてましたね。

娘が生まれた7年前に1回ガラケーにして、6年間ガラケーだけで、いまはスマホと半々です。ガラケーにする前はずっとSNS見てたから、気合いひとつでバイバイして。やっぱり娘にもうちょっと関わらないとと思ったし、お父さんのこういう姿を子どもたちに見せるのもよくないなって。そこ（SNS）に書いてあるものが素晴らしいものであればともかく、別にそんなに書いてないし。全然いまでも戻せって言われたら戻せる気がする、ガラケー1本に。

――ガラケー1本のときってやっぱりラクでした？

ラクっていうか、することがないから時間はたくさんつくれる気がします。SNSの発信は事務所にいるときにパソコンでやって、仕事が終わったらもうしない。それはすごくラクでした。それまではスパゲティをゆでてる7分とか10分とかの間もスマホ見てたんですよ。でも、ガラケーのときってその7分10分持て余すから、片づけしたり新聞読んだり子どもたちとしゃべったり。そういう細かい空き時間がたくさんできるのは素晴らしいことなので、みんなとは言わないけど、ある程度の割合の人はガラケーに戻したらいいんじゃないかな。

――でもまたスマホを持ち始めたのはどうして？

サザンオールスターズのライブに行きたかったから。電話番号が付与されているスマホがないとチケットが取れなかったので、そのために契約して。結局外れたんですけどね。で、今年から子どもの小学校で、次期PTA役員の選出を裏支えする委員の委員長っていうのをぼくがやってて、瞬く間にLINEグループが5つぐらいできてしまって。LINEほとんどやらなかったのにLINEやるようになったし、スタンプも買うようになったし、ははは。

――俗な面が。

そうそう、基本的にはそういうものが大好きで。一度やっちゃうとそればかりになっちゃう。

――なんか島田さんがご自身で書く文章のなかの島田さんと、実際話している感じとちょっとやっぱり違いますね。

違うでしょう。非常に俗っぽいので。こういうところがぼくでもあるし、自分のなかの一番いいところを想像して書いてるのが本だから。自分の理想というかね。そういうものです。

「スター」を見ていたい

――大学時代から数年間は作家を目指していて途中で挫折されたということですけど、いまご自身のことを書いたものがすごく受けていて、本も売れてる。作家の道は挫折してしまったけど、自分のことを書いたらそれがとても読まれてるっていうのは、どんな気持ちなんですか？

どうなんだろうな。ひとつは、他の人があまり書かないようなことを書きたいっていう思いがあるんです。みすず書房の『長い読書』の担当の河波さんが、山があるとしたら島田さんは五合目からじゃなくて、一番下からの道のりを書いてるから、それが島田さんのよさだと書いてくれたことがあって。まさにそれがぼくのやりたかったことなのですごく嬉しかったんです。ぼくはやっぱり本が読めなかったし、読めない時期が長かったたし。学歴も日大商学部って本当に普通の大学だし、人より頭がいいわけじゃないから。でも努力していまやっとこういう仕事ができるっていうことを何か書きたくて、それを同じような境遇にいる人たちに向けて書いてるから…そういうのってあんまりないですよね。だからそれは嬉しいことですね。

——いま、小説を書いてみませんかと言われたりは？

言われることはありますけど、もう全然書きたいと思わない。やっぱりあれは素晴らしい資質を持つプロの世界だし、ぼくはやっぱりプロじゃなくて、プロにずっと憧れてるアマチュアみたいなのが自分の位置だと思ってて、それは48歳になっても変わらないですね。

——プロに憧れてるアマチュア。

そう、だからこういう仕事をしてるんです。編集っていう仕事をすればするほどやっぱりプロの素晴らしさ、すごさはわかるから。それはすごく喜びでもあって、自分とは決定的な質の差を感じて、ぼくは作家にはならないけど作家のすごさとか、本を読むことの素晴らしさみたいなものは、この裾野にいながら伝えられるような気がします。それは大人になったっていうことかもしれない。20代のときは自分もステージに立ちたいと思ったけど、そのステージに立つ人の素晴らしさがわかったから、いま喜んでこういうことをやってて。いまステージに立ちたいと思うかというとまったく思わないです。文章はうまくなりたいし、もっといい文章を書きたいとは思うけど、プロの作家の世界とはやっぱりずいぶん違うなと思います。

――それって、何が違うと思います？

ぼくの考えは結構はっきりしていて、足の速い人は最初から速いし、文章もやっぱり最初からうまい人っている。作家としての資質というか、それは決定的に違うものを感じますね。何か努力しても…ぼくのなかではですよ、1から7ぐらいまでは行くけど7から10には永遠に行けないようなイメージがあって。でも、作家たちはみんな最初から8とか9まで行っていて、そこから10になるようなイメージがあるんですよね。

――なるほど。

歌のうまさとかにも近いものがある。歌ってやっぱり、努力してボイストレーニングに行ったらミュージシャンみたいに、桑田佳祐みたいになれるかといったらそうではないですし。あれは最初から何かあるものだとぼくは思うし。文章を書く、小説を書くことも近いものがあるような気がします。ぼくは自分では絶対逆立ちしても書けないような素晴らしいものに対して、尊敬の念があるんです。だからぼくは、当たり前かもしれないけど自分のことを物書きだと思わないし、編集者だし。本好きって言うこともあるけど、作家になれなかった人間っていうのがプロフィールとして一番しっくりくるというか。自分の著作が何冊出ようが、それは変わらない。

——一方で、キラキラした人、スターのような人が好き、みたいなことをトークイベントでおっしゃってましたよね。テレビも結構観ていて、サッカーも好きで観てるとか。

そう、それ強烈にありますよ。ぼく今月(2024年6月)、NewJeansのライブ行きますもん。ファンクラブ入ったんです。

——NewJeansまで……! あと、『父と子の絆』(アルテスパブリッシング)の後ろのほうに、田原俊彦のコンサートに行ったと書いてありましたね。島田さんのなかで圧倒的なスターとか、圧倒的なプロみたいな人を見ていたいという感じですか?

なんていうんだろうな。トシちゃんとかマッチってぼくはリアルタイムでは聴いてないんですけど、2個上の妻が74年生まれで、その時代の歌謡曲を知ってて大好きなんですよ。CSの歌謡ポップスチャンネルっていうので『レッツゴーヤング』(NHKで1974～1986年に放送した若者向けの音楽番組)が当時のまま40分まるまる再放送していて、それを2年ぐらいずっと観てたんですけど、めちゃくちゃ楽しかったんですよ。

——それはちょっとアツい。

アツいんです。そのトシちゃんとかマッチのスター性にもうやられるわけですよ。歌がうまいとかではないのにトシちゃんがひとりで歌うだけで、その空気でステージの隅から隅までばーっと埋まるんです。聖子ちゃんや明菜ちゃんももちろんすごいけど、トシちゃんは、もうあのスター性っていうのが見てて本当にかっこよくて、それでライブに行きたいなあとずっと思ってたんですが、たまたま知人が誘ってくれたんです。そのライブはほんとすごかったです。普通にローラースケート履いて歌ったり、2時間息切れせずに踊って、60歳になっても当時のままやるから…やっぱりすごい、やっぱりスター。

――スターを見るのは、元気をもらえるという感じなんですか。

そういうものが好きなんですよね、昔から。もう中高時代のあのノリですよね。牧瀬里穂が好きで、田中麗奈が好きで、つみきみほが好きで…、輝いてる人たちが好きだったんで。

――90年代を引きずってるっておっしゃいましたけど、最近のスターも？

そう、NewJeansも、ヒゲダンもVaundyも興味があります。元気をもらえます。そういうものをないふうにして、いまを語るのは違和感があるというか。ぼくはテレビも観るしコマーシャルも観るし、そういうものが好きで。誰がいま一番輝いてるかっていうことにすごく興味があるんです。

都市とトレンドと本

──先日、SPBS本店の頭木弘樹さんとのトークイベントをオンラインで聴いたんですけど、編集者は東京にいて流行りに触れてないとダメな気がするとおっしゃっていたのが印象的でした。藤川さん、そういう思いってないですか？

──確かにあるんですけど、ただ島田さんがつくる本の感じだと、もしかしたら地方にいてもいいのかなっていうふうにちょっと思ったりもして。

ぼくは3歳から世田谷で、ずっと基本、東京なんですけど。大学に行くといろんな地方の子がわーっていて、彼らはすごく貪欲に東京のいろんな街に行くんですよね。ぼくは小田急沿線に住んでると池袋すら行かなくて、新宿、シモキタ、町田でこと足りるからそれ以上行かない。でも彼らは青山とか渋谷に行ったり、南千住に行ったりとか、『東京ウォーカー』（KADOKAWAが1990〜2020年に発行していた情報誌）買って、いろんな街に行っていろんな店に入るわけ。そういうのを見てると、東京のいわゆるトレンドみたいものを回すのは、東京の外にいたような人たちで、彼らが来て東京という街をつくっているような感じがすごくする。彼らは常に入れ替わって、何か面白いものはないかって一番動いてる。出版もいわゆる文化だから、このなかにやっぱり含まれるんですよね。

――なるほど。

（自分のつくる本が）どんだけ古典って言おうがどうであろうが。常にいろんな人が入り混じることで、いろんなふうに解釈を変えたりして、古くなったり新しくなったりすることがカルチャーであって、止まるってことはないわけですよね。それが止まってるものだと見えた時点でもう、そこに入る資格はないというか。（流行っているものに対して）いやこれはこうである、あである、浅いとか深いとかって言っているようじゃやっぱり…。カルチャーってのはそういう常に動いてるもので、かつ、それは悲しいかな都市文化であって、1等はこれ、2等はこれってというのはしっかり固まったものではないですよね。

――古典の売れ方も変化してるって、そのトークイベントでおっしゃってましたね。

そうそう。たとえば昔はもっと三島由紀夫を読む人がいたけど、いまは少ないし、澁澤龍彦も昔はもっと人気があったけどいまはそこまで人気がないとかっていうことですね。森鴎外を読む人も前はもう少しいたけどいまはあんまりいない、なんなら芥川も減った、その代わりに違う人が読まれてて。漱石とか太宰っていうのはあんまり変わらない気がしますけど。海外文学なんかすごく、昔はヴァージニア・ウルフを読む人なんか全然いなかったけど、いまめちゃくちゃ読まれてて…っていうふうに社会が変われば読まれる古典が変わるので、音楽でも映画でもすべてのことはそう。そこはやっぱり東京とか京都とかの都市で、何かが常に変わっているような感じがする。

――そういった売れ行きの傾向は、本屋さんを見て感じる?

感じますね。昔はトルストイとかドストエフスキーが読まれてましたけど、トルストイ読む人はいまほとんどいない気がします。でもドストエフスキーは古典新訳文庫とかいろいろ出ていて、常に誰かが読むって感じがしますよね。ぼくなんかはいま、有島武郎とか志賀直哉に少し興味があったりしてて。

――なるほど。(夏葉社でも復刊している)庄野潤三の本、私読んだことなかったんですけど、島田さんが『長い読書』で『雉子の羽』を紹介されていて、興味を惹かれて古本で買いました。斬新というか、こんな断片的な日常の記録の文章があったんだなって。

庄野さんも『クウネル』(マガジンハウス)が引っ張ってくるんですよ。たしか創刊準備2号とかでインタビューが載って。で、若い人が庄野潤三を発見するみたいなことがあって。そういう流れってすごい都会的な感じがする。

――そういうのを察知するには東京にいたほうが、と。

だと思いますけどね。いまはね、SNSを追っかけてれば大丈夫とはいうけど…。ぼく、(生まれ故郷の）高知に年1回帰って思うのは、情報があってもやっぱりフィジカル的なものがないと、ということで。ただ室戸にいて、恵文社とかTitle（それぞれ京都、東京の独立系書店）の本の入荷情報だけ見てても面白いわけはないというか。やっぱり街で触れる情報というのは有機的なもので。情報だけあればっていうことではないと思いますけどね。

——意識して本屋さんもいろんなところへ行ったり？

そうですね、営業で行くから。でも行って、こういうのが売れてるからこういうものをつくろうと思うことはないですよ。自分がつくりたいものがいまのそのトレンドに合うか合わないかはなんとなくわかるから、これは合わないからまだ出せないなあとか思って、引っ込めるっていうことは多々ありますね。本屋さんを回れば回るほど出版は都会的という気がします。

——確かに、そうですね。

あと本を企画するということに関していえば、こうやって誰かと話してっていうことがすごく大きい気がするんです。いまこんなことをやろうと思ってるって話したときに反応が大きく来ると、ああこれは少なくとも藤川さんの興味を引くことなんだとか、全然興味なさそうだなと思ったらこれはダメだとかっていうふうなことを日々できるということは大事だと思います。

時間をかければ恋愛もできる

――お子さんがいま2人いらっしゃって、お子さんを持つ前後でも島田さんの人生観というか自意識も変わったのかなと思いますが、どうでしょう？

めちゃくちゃ変わってます。子どもが生まれると自分のことを考えなくて済むので、それはすごいラクになりました。やっぱり子どもの将来のことを考えるほうが…。自分の将来のことなんか絶対考えたくないです。あれ地獄ですよ。いま思うと。

――地獄…。自分のことばっかり考えてたときが地獄だったんですか？

20代の頃、夜10時過ぎとかに、おれ大丈夫かな、これからどうすんのかな、才能あんのかな、モテんのかなとか延々考えて…あれが十何年間もあったんで信じられない、あれつらいですよ。

――モヤモヤの時期を経て、どんなふうに結婚に至ったのでしょう。

妻は、営業で行っていた近所の本屋さんで働いてたんです。恋愛についてぼくがなるほどなーと思ったことは…以前ツイッター（X）でもつぶやいたんですけど。『愛と欲望の雑談』（雨宮まみ・岸政彦／ミシマ社）っていう本にこう書いてあって。「きっかけがお見合いでも、基本は恋愛なんですよ。恋愛を通過しないといけない。それで恋愛を保証する場所のひとつが大学で、もうひとつは会社だったんですね。だけど会社に行ける人が少なくなったので、結局いま結婚している人の数が減っているんだと。」（岸政彦さんの発言）。つまりぼくみたいな人間って、2時間のコンパではよさがわからないし、一目惚れされるわけもないから、長い時間が要るんです。会社ってかつてはそういう場所だったわけですよね。見た目がよくなくても、なんか一見とっつきにくそうでも、3年4年同じ職場にいるとその人のよさってのがわかるわけですよ。だから我々には時間が必要で。

――うーん、なるほど。

モテるモテないと言うときって、もう少し短いスパンのこと言ってますよね。でも、それだとやっぱり気の利いたことも言えなきゃいけないし、ぼくこんな感じで髪も薄いし、短期間ではどれも無理なんですよ。だからぼくの場合は、妻がいたところが近所の書店だったから営業も行くし、そうじゃなくてもよく遊びに行って、長い時間を経てやっと彼女がぼくのいいところを見つけてくれて、ぼくも彼女のいいところを見つけられたので、長い時間があればなんとかなるんです。たぶん性格に相当問題がなければ。もちろんぼくも妻のことが好きだし、妻もぼくのことを好きでいてくれたと思うけど、一番必要なのは長い時間だっていう気がするんです。妻もぼくも根は真面目だし、真面目な人がぼくは好きなんで。おかげさんでいまも仲はいいです。

――どのぐらいの時間がかかったんですか？

3年ぐらいかな。初めて知り合ってから付き合うまでは。たまに食事に行ったりして、ああこうなんだ、（80年代アイドルの）岡田有希子ちゃん好きなんだとか、わかるようになって。基本的に好きなものは違うんですよ。でも合うところもあるし、重要なのは時間があったということだと思います。時間がないと何もできない、ぼくらみたいなのは。だから会社もそうだし、大学もよかったんですよね。サークルとかでこの人と2人でいても全然苦痛じゃないなとか、この人かっこいいけど一緒にいるのはちょっとしんどいなっていう人もいるわけで。

――時間をかければっていう話、そうだなと思います。

たぶんあらゆることがそうだと思うんです。出版も、ある短い時間で結果を出そうと思うとしんどい仕事だけど、すごく長い時間を取ってくれるんであれば、なんとかなるというのもぼくの言いたいことというか。いろんなことが短期間で結果を出さなければっていうのはね…。なんか高校生がインスタの投稿で「次の日までに何いいね以上つかないと消す」っていう話を聞いて。その投稿をなかったことにすれば、彼の履歴にはある一定以上のいいねがついたものしか残らないけど、そういうのはしんどいなって思うんですよね。

現代風俗通信 '77~'86
馬込文士村
クロス・レヴュー
世界の童話
言葉のラジオ
本を読む前に
文芸時評という感想
hi-lite
伊東静雄研究
山の上の物語
子供の盗賊
野鴨
山の上に憩いあり
休みのあくる日
前途
表現主義の詩
表現主義の小説
本

中1から人生やり直したい

――お子さんができて自分のことを考えなくてラクになったとは言いますけど、子育ての苦労も結構エッセイに書かれてますよね。

子ども2人ともそんなに、なんていうか器用な子どもじゃないから。どちらかというとクラスに適合するのになかなか苦労してるような子たちなんで。そうすると彼らをサポートすることが、自分の人生で一番大切なことになるわけですよね。ある時期までは自分のためにしか何かをしてこなかったけど、子どもたちのために何かをするっていうふうに、利他的って言っていいのかわかんないですけど、それはすごく生き方としてラクですよね。

――ラクですか。

ラクです。誰かのために何かをする、勉強するとか体を鍛えるっていうのは自分のためだけだったらむなしいと思うけど、誰かのためにやってると思うと、ものすごく活力は湧きます。これを学ぶことによって、もしかしたら誰かを助けることができるんではないかと思って。だから本当に子どもがいて、ぼくは生きるのがすごくラクになりました。心配はもちろんたくさんあるけど、救われた感じがします。結婚というよりは子どもが生まれて救われた気がしますね。

――そうなんですね。ご自身が小さい頃はどんな子どもでしたか？

ぼくは小学校までは結構クラスの中心で。学級委員長だったし、人気者だったんですけど。やっぱり根が真面目だから、中学に入ってちょっと悪ぶるみたいな方向にみんなが行っても入っていけなかったんです。先生がムース（整髪料）使っちゃいけないって言ったら使わないし、イラストの入ったインナーシャツは着ちゃいけないって言ったら着ない。ムースとかシャツとか、みんながいかにそれらを学校に持ち込むかっていうことに夢中になってるときにまったく乗れなかったから、だんだん学校がつまんなくなって、音楽とか本のほうに入っていったという感じですね。

――ご両親との関係は。

父はもう、ぼくが7歳の頃から単身赴任でいなかったから、母ひとり子ひとりですね。母との関係はすごくよかったからそれで救われました。反抗期もなかったし。

――ただ、昔を振り返るとすごく暗かったと書かれてますよね。

むちゃくちゃ暗かった。たぶん高2高3くらいが一番しんどかったですね。同じぐらいの偏差値で同じぐらいの家庭環境の子たちがいる私立の男子校だったから、すごくいづらかった。人生やり直したいっていまだに思う、あの暗黒の何年間。もっと本当は楽しかったはずなのにってしょっちゅう思います。眠れないときは中学からやり直すことを考えてて、中1の始業式にタイムスリップするんです。体は中1で心はもう48なわけですよ。で、どうすれば怪しまれないか、親と何を話そうかってとこまで、ずっと夜考えてるんですよ。

——あはは。どんなふうにやり直します？

まずスポーツを一生懸命やる。部活をちゃんとやってこなかったから、めいっぱい体を使って何かをしたことがないから。あと女子としゃべりたかった。20歳ぐらいまで全然女性としゃべったことがないので、しゃべりたかったな、ははは。

——しゃべれないものなんですね。

子どもたち見ててもわかるけど、息子は妹がいるから、普通に全然女子としゃべれる。いまぼくは毎日、娘の付き添いで学校に行って、小2のクラスを1〜2時間見てるんですけど、しゃべる子は普通にクラスメイトとしゃべるし、しゃべれない子は誰ともしゃべれない。だからそういう子たちには、本も音楽もあるし、ゲームも野球もあるよとしか言いようがない。何かあなたの人生を支えていくものは、友達ができなくてもいろんなものがあるよとしか言いようがない。

——そう言うなら、そんなに昔のことをくよくよ考えなくてもいいような気も…。

でもしんどかったんです。あの5年間ぐらい、なんかもっと人生有意義だったらなってずっと思いますね。もっと頭のいい学校行きたかったなとか、勉強すりゃよかったなとか。

──そうですか…。ちなみに、いま娘さんの学校に付き添っているっていうのは。

娘が学校行きたがらないんで。登校拒否寸前なんです。毎日一緒に行っていて、それはそれで楽しいですよ。小学校の授業なんてお金払っても見れないから、いい経験させてもらってます。仕事が全然できなくなってるのが悩みだけど、娘の小2はいましかないから。

──いま1日5時間労働だってどこかに書かれてましたけど。

へたすると3時間とか。自分の原稿も書いて発送もやって。だから急ぎじゃないメールはなかなか返せないけど、すごく集中力が上がった気がします。

──小学校には、島田さんが一緒に行きたいから行ってる?

そう。妻よりもぼくのほうがそういうのに向いてるっていうか。娘もパパに来てほしいって言うので。妻はそういうのにフランクに行くのはたぶん苦手だけど、ぼくは全然。友達10人ぐらいできて、小2の友達が。だから楽しいんです。

──すごいですね。いま話してると島田さんてすごくオープンというか、心が開いてる感じがするんですけど、昔はそうじゃなかった?

全然。たぶん声もちっちゃかったし、かっこいいことしか言っちゃダメくらいに思ってたから。中学高校、大学のときもそんな感じだった。自意識の塊だからもうわけわかんないですよ。あいつ頭おかしいぐらいに思われてた、屈辱の何年間か。ははは。

――それがどこで変わった感じですか？

大学卒業後に沖縄に1年くらい住んで、TSUTAYAのバイトで男1人、女性8人みたいなところで働いて、結構人生変わった気がするんです。女性8人にいじられるっていう…暗いとか言ってることとわからないとか。そういうふうなことがすごく自分のなかでいい機会だったんで。

――かっこつけてもしょうがないと思った？

思ったんじゃないかな。本当にあんまり話通じないっていうかね。でも重要なのは、自分の理想とするようなコミュニケーションがとれなくても向こうは認めてくれるっていうことで。ぼくが理想としてる「こう言ったらこう返す」っていう頭の中のシミュレーションとは全然違う感じでぼくのことを認めてくれる、そんな感じが沖縄のときはあって。ぼくがたとえばプルーストを読んでるから向こうは話しかけてくれるわけじゃないし。そういう文化のヒエラルキーとかも全然関係ないところで、なんかカラオケで島田くんはジャミロクワイを歌ってて面白かったとか、そういう感じで。それがぼくのなかでは大きな地殻変動だったかなと。

――なるほど。その後の教科書の販売会社では、営業は嫌だったけど営業成績がよかったとか。

嫌だったけど根が真面目なんで、なまけないですよね、なまけずコツコツやる仕事はそれなりにノウハウがあるわけで、そのノウハウを会社は教えてくれるから、愚直にやればいい。飛び込んで営業して、見知らぬ人にしゃべりかけるとか、そういうこともできるようになったんで。その頃はもう、どちらかというといまのこんな感じに近いから、営業は向いてますよ。すぐ笑いをとりに行くし。ただ営業ってまあ、やりきれないですよね。そのときに逆流性食道炎になって、いまだに毎日薬飲んでますからね、すごくストレスが多かったから。

埼玉を毎週歩いてみる

――SPBSのトークイベントで、休日に埼玉県を散歩してると言ってましたけど…なんで埼玉を?

ぼくはずっと東京育ちですけど、友達が行田市に住んでて。埼玉のだいぶ高崎寄りのほうなんですけど、何回か遊びにいくうちに埼玉すごく面白いなって。奥深いし、全然知らないとこだらけだから。数えたら埼玉って230駅ぐらいあるんですよ。

――それを1個1個降りるんですか?

降りてますね。そこに生活があって…っていう文章をまとめてZINEをつくろうと思ってて。文フリ(文学フリマ)かなんかで売ろうかなと。1日2駅とかで、もう50駅ぐらい降りてますけど、楽しいですよ。埼玉を発見すると、同時に東京を発見するっていうか、やっぱ東京ってアッパーな感じがするなと、すごく思う。

——東京にいることが大事とおっしゃいましたけど、外から見ることも大事っていう。

そう。やっぱ東京って変だなというふうに思いますね。そのなかで仕事はしてるし、そうじゃないとお金は回らない気がするけど、埼玉から見ても東京はちょっと不思議だなと、変な感じですよ。

——埼玉の1個1個の駅で降りて、どんなことを書いてるんですか。

結構しょうもないことをラフに書いてますけど。埼玉って北に行くとすごく田舎なんですよ。秩父のあたりとか田舎のいい風景で歩いてて楽しいんだけど、選挙のポスターが悪目立ちするんです。埼玉の未来を変える！　みたいな…こういうのがよくないな、日本のダサさだなって、埼玉のダサさじゃなくて。でもこのポスターが選挙で効くんだろうなと。演説会行ったり新聞読んだりしなくても、毎日見るあの笑顔のおじさんが○○党のあの人よりはちゃんとした人っぽいな、○○大だし、入れようみたいな感じなんだろうって。2～3時間歩いてるとそういうふうに気づくことがあって、毎週行ってるんです。誰もやってないことをやろうと思って、やり始めた。

——やっぱり島田さん、なんというか戦略的なところが結構ありますよね。

ははは、そうです、たぶん。何か人がやらないところをやらないと支持されないっていうのが経験としてわかるんで。

——ちなみに自社の本の名前でＳＮＳでエゴサーチとか…島田さんもされてますよね。

めちゃくちゃしますね。

――島田さんぐらい知名度が高まると、嫌なものを見つけちゃったりすることも…。

見る見る、ありますよ、いくらでも。ブロックしたくなる。だからそういうときに結婚しててよかったなと思う、妻に愚痴れるんで。友人には愚痴れないですよね。

――嫉妬される立場になってると思いますけど、そこはどう感じてますか？

ああ、それがさっきの、株価が4万円とされてても実際は1万4000円という、そういうもんだと思ってるんで、自分の下駄履いてる部分を非難されてもそんなにこたえないです。だって評価されすぎってていうふうに言われたら、うん、ぼくもそう思ってるし、あなたに言われたくはないけどって。でも基本そういう感じです。バブルだと思う。この10年間ぐらいずっとバブルだと思ってやってる。過大評価されてる。運がよかったとか、そういうふうに理解してます。

――島田さんはバブルと認識するかもしれないですけど、夏葉社の本とか島田さんのやってることが注目されたり愛されたりしている状況ってどう分析してますか？

『あしたから出版社』（2014年に晶文社から刊行。2022年に文庫版がちくま文庫から刊行）という最初の本を書いてしばらくして思ったんですが、ぼくは文章の勉強をずっとしてたから、自分で自分の仕事をひとつのストーリーとして不特定多数の人間に対して語る力がある気がするんです。ずっと作家を目指してて、その努力をしてきたから。どうすれば素の自分の思いみたいなものが、より相手の深いところまで伝わるかっていうことにはすごく腐心してるからじゃないかと。だからたぶん両輪なんですよね、自分で書くのと出版社の仕事が。『あしたから出版社』、『古くてあたらしい仕事』(新潮社、のちに新潮文庫)、『長い読書』っていう(他社から出した)自著があって、本業も回るというか。

――『あしたから出版社』は、すごく人気がありますよね。

はい、あれは結構あけすけにいろんなこと書いてて、そんなに自信はなかったんだけど。だいぶ経って文庫化するときに読んで、面白かったから、ああ大丈夫だっていうふうに自信はつきました。基本、自分の書いたもの、自分がつくったものは読み返さないんです、直したくなるから。でも読み返して、感傷的なところは多々あると思ったけど、そんなに賞味期限が切れた感じは自分のなかでしなかったから…。ただ、夏葉社の本より、自分の書いた他社の本のほうが売れるんで、そこはちょっとジレンマですけどね。

わからないものをわざわざ読む

――トークイベントで聞いてすごく印象に残ってるのが、「わかりやすい本ではなくて、わけのわからない部分がある本が売れてる」という話。そのへんをもうちょっと伺ってもいいですか。

ああ、どういう話かっていうと…。これまでつくったもののなかで、自分のなかでよくできたなって、隅々までコントロールして完成できたなと思う本ほど売れなくって。ちょっと自分でもよくわからない、これ売れんのかな、みたいなもののほうが反響があることが多いっていう意味です。そのことを自分のなかで分析すると、やっぱり本っていうのは対話であってプロパガンダじゃないというか、こちらがこう思ってほしいとコントロールされたものって、読者にとってはすごく居心地の悪いものなんだっていうこと。解釈の幅がないから。

――なるほど。

著者が言ったことを文面どおりに受け止めなければいけないものっていうのは本として魅力はない気がする。うまくひとつにまとめきれなくて、でもいろんな入口があるもののほうが、本としての風通しもいいんじゃないかと。よくわからないけど何か惹きつけられる、誰かに語りたくなるようなもののほうが本としての魅力がある。ぼくは残念ながらそういう本のつくり方がよくわからないんですけど、これで大丈夫かなと思いながらつくったもののほうがよかったりして。

——夏葉社の、たとえばどのへんの本が？

一番はやっぱり『さよならのあとで』かな。全然自信がなくて、売れるのかなと思いながらつくってたけど、そういうもののほうが結果としては売れました。編集者として最後の出口までうまくコントロールできなかったなと思うもの。営業するときも、まあ面白いと思うんですけど、よくわかんないですけどね、くらいにしか言えないもののほうが。自分がすごくこれいいと思うんですって言えたものは、思ったほど売れないことが多くて。だからものづくりってそういうことなんだなって。ぼくの場合はそうですね。

——わかりやすい本は消費されてしまう？

そういうふうに思いますけど。わかりやすいもの、自分のなかに引っかかりのないものは、すぐ消えますよね。

——古典もわかりやすくないものですよね。

そうそう。わかりにくいし、読み方がたくさんあるからこそみんなが語りたくなるし、その本について何か書きたくなるしっていうのが古典たり得る資格。この本はこういうことを言ってるんだって、解釈がひとつしかないようなものっていうのは残らないですよね。たとえば、人生で大切なこと…時間は大切だとか愛は大切だとか、そういうものを伝えるために書かれたものってあんまり意味がない。だってそれは話して伝わることだし、親が教えてくれることだし友人が教えてくれることであって。そういうことをわざわざ本を通して伝えたい人がいるっていうのはわかるけど、そんなものではない気がするんです。もっと本っていうのは豊かなものだから。

――うんうん。それとつながるかもしれないですけど、島田さんが、本を読むのにハードルがあるっていう話。本を読むためにわざわざスタバへ行くんですよね。

そう。基本はいまだに本読むの苦手なので。今日はドトールで読みましたね、朝8時から8時半まで。30分て決めてるんで。その時間はどちらかというと読みづらい本、少し難しい歯ごたえのあるような本を読んでます。今日読んだのは、ガッサーン・カナファーニーっていうパレスチナの作家の『ハイファに戻って/太陽の男たち』(河出書房新社)、これ素晴らしい本で、河出文庫にもなってる。電車のなかではもっと気楽な、そんなに頭使わなくて済む本を読みます。最近の人のエッセイとか新書とか、わざわざスタバで集中しなくても読めるようなもの。

――難しい歯ごたえのある本をわざわざ読む、挑戦するのはどういう気持ちから?

わからないものをわかるようになりたいっていうのがまずひとつ。そのわからなさっていうのは何か高度なもの、高度な数式とかではなくて。知識としてわからないものをわかるようになるというよりは、自分がわかり得なかった人を理解するみたいな意味合いが強い。それはこちらが変わらないと理解できないんですよ。こちらが変わらざるを得ないようなものを読むというか。

——こちらが変わらざるを得ないもの。

たとえば何か勉強するとき、人って自分の引き出しが100から300になるようなイメージで勉強すると思うんです。300にも500にも1500にも3000にもなるような。でも、ぼくは勉強しててそういう感じがまったくしないんですよ。自分の引き出しが100だったら、本を読んでもせいぜい110になったり、90に減ったりという感じで、クローゼットの中身を入れ替えてるだけのような気がする。1500枚の服を持つことではなくて、100枚の服を入れ替えるようなことが勉強であるような気がするんです。そうすると、100枚の服がもう完全にこれで決まったと、これが私のスタイルだっていうのはやっぱり人間として面白くない、あまりにも面白くない。それが歳をとるということかもしれないけど。同じ服、同じスカート、同じネクタイでこれがベストだっていうのではなくて、常に多少の痛みをともないながらもクローゼットを入れ替えていくことが、より人間として誰かの人生をしっかり理解する、明らかに相容れないような人間を心の底から理解するっていうことに通じるような。何か読みづらいものを読むということは、そういうことに通じる気がするんです。

——何回読んでもわからないところがあるような本がいいとおっしゃってましたね。

そう。何か明らかに異物であるものに自分が影響されるっていうことが、ぼくは重要な気がする。影響されないで自分は自分のままでいて思考のバリエーションだけが増えることはなくて、自分が変わらないとわからないものがあると思う。

――いまインターネットの記事も動画も、アルゴリズムで似たようなものばかり回ってきますけど、それと真逆のことですよね。

そうですね。そっちにはそっちの快楽はあって楽しいけど、それだけだとやっぱりダメだと思うんですよ。自分が決定的に変わらないと理解できないものがあって、子どもたちの個性を理解することもそうだし、パートナー同士の関係もそうだと思うんです。自分の人生観とか人間観が変わらないと相手をちゃんと理解できない、それはやっぱり少し痛みをともなうもので、自分にとってしんどいことでもあるけど。ぼくはやっぱり妻と仲よく楽しく暮らすには、何か自分のなかで変わらなきゃいけないことがあると思ったし、そうじゃないと心地よい関係は築けない。結婚して子どもを持ったいまは、本を読む意味とか価値はそういうものという感じがします。

いまは認められてるような気がするだけ

――『あしたから出版社』の冒頭に、「とても生きにくい世の中だと思う」と書かれてましたけど、その感覚っていまはいかがですか。

やっぱり変わらないですよ。社会はよくないと思います。生きづらいと思う。少し変わったのかな、でも社会の価値観としてはそんなに変わらない気がしますけどね。

――でも、その生きづらかった島田さんがおそらくちょっと生きやすく、いまは居場所があるというか、変われていますよね。

そういう意味ではいまのぼくにとっては、社会に自分の場所があるから、昔ほど生きづらいとは思わないけど、相変わらずあんまりいい方向には行っていない気がしますけどね。子どもたちの学校とか見てても、学校行けなくなってる子は増えてるし、小学校はやっぱり社会のひな型だから。頭木弘樹さんの『口の立つやつが勝つってことでいいのか』（青土社）という本がありますけど、同じようにぼくは思いますし。口のうまいやつが社会の中心にいるような気がする。政治とか見てても、あまり誠実な人がいないっていう。でもああいうものが誠実じゃないとわかってても、あれが社会の勝者であって。どこかしら現実はそういうものだと思うような社会的な価値観の共有が、ぼくはある気がする。うまく言えないですけど。

――そうかもしれないですね。

子どもが学校に行きにくくなってるのは、明らかにコミュニケーション能力っていうものが社会のなかで重要で、強いから。会議でしゃべらない人間は価値がないわけですよね。でもそうじゃないと思う。会社でしゃべらなくても、ひとりでずっとごはん食べて、仲いい同僚がひとりもいなくても別にいいじゃないかと思うけど、そういうものを尊重するような動きはないですよね。『サイボーグ009』みたいに9人が違う強みを持ってひとつのチームとなるっていうのが多様性だといわれてるけど、実際はそうじゃない。何もできないっていうのもひとつの価値であるはずなのに、あなたは何もできない代わりに何かひとつ突出したもの、たとえば何か素晴らしい芸術的なものはないのとか、ずっと言われてるような気がする。それがいま言われてる社会の多様性ですよ。

――ああーなるほど。

それってすごく底の浅い感じがする。昔はもっと周囲もほっといてくれたっていうか、あいつ変わりもんだから別に、というふうな感じが小学校でもあったけど。いまはしゃべらないならしゃべらないなりの個性みたいなものを求められていて、それは大人の社会で言ってる多様性っていうのとそんなに離れてない気がする。

――あなたはなんか個性ないの？ みたいなことですよね。多様性の変なプレッシャー。

そうそう。何かを強いられるような社会があって、それがプレッシャーになってる子どももすごく多くなってる。うちの娘はそういうタイプですね。怖い、学校行きたくないって。ぼくなんか、いまはこの仕事してるから何か認められてるような感じがするけど。寄る辺ないですよ。

――そういう世の中で、自分のできることをなんとか見つけて軌道に乗せていった島田さんの生き方が共感されているんだと思うんですけど……。夏葉社の本には誰が見てもわかるような世界観が最初から確立していて、結果的にですけど、島田さんはものづくりに向いてる方だったのかなって。

ああ、それはそうだと思います。本っていうものが昔から好きで、読むことと同じぐらい、ものとして本が好きだったので。あとは営業の仕事をしたことで、いいものがつくれれば、売る力が自分のなかにはあると思ったことが大きい気がする。つくれればなんとかなる、じゃなくて、いいものをつくったら自分で売る覚悟のようなものもあった。

――営業するときに意識してることはありますか？

まあ、なるべくあけすけにというか、正直に話すっていうのと、さっさと帰るっていう、その2つだと思います。あんまり売れないかもしれないですけど、みたいなことを言うぐらいあけすけな感じと、そんなに本業のことも話さない。最近どうですか、なんか面白い本ありますか、とかそういう感じで、最後にさっと営業して帰る。最近娘が学校行かなくて、でも学校付き添うの楽しくて、2年生ってこんなことあるんです、みたいな話をして。そのあとに、これ新刊で、売れないかもしれないですけど、もしよかったら置いてくださいって。それで早く帰るとそんなに嫌がられない。あんまり堅苦しい営業はしない。

――なるほど。島田さん、人を油断させる雰囲気がありますよね。こないだツイッター（X）で、つなぎ着た全身写真をあげて、夏葉社の制服つくりました、みたいな投稿してましたよね。ああいうのなんてめちゃくちゃかわいいから、いいね押しちゃうよねって思いました。

あれね、でも叩かれましたけどね。なんか本好き界隈から、むかつくみたいなこと。

――そうなんですか、なんだって言われますね…。でも島田さんが書く本もそうですけど、かっこ悪いところを隠さないというかむしろ出しちゃう、そこができるところが強みというか。

昔はできなかった気がするので、できるようになったのはこの10年ぐらいじゃないですかね。歳とったら自分が何言われようがそんなに前ほど気にしなくなって。もっと重要なことがあるって思えるようになった。もちろん、自分の書いた本も自社の本も売れなかったらそんな悠長なことは言ってられないのかもしれないですけど。いまはこのぐらいのペースでちゃんと食べられてるから、娘や息子のことにすごい力を注げるようになって。そっちのほうがぼくにとってはいまは重要なので。フォロー外されたとか、そういうのは別に…気にならなくはないですよ。独身のときは、くよくよくよくよ、あのツイートかなあ、あれが悪かったかなあとかすごい考えてましたけど、いまはそういうことを考える時間がないから、それがいい方向に働いてると思います。

——くよくよする話でいうと、夏葉社で復刊された『レンブラントの帽子』（バーナード・マラマッド著）、表題作がちょっとこじらせた人たちのすれ違いの話で。コントみたいじゃないですか。ああいう人間のどうしようもないようなところが出てるものが好きだったりするのかなと。

好きです。人間ってああいうものだと思う。ぼくはずっとそういう青春時代を送ってきたから。ボタンの掛け違いとか、いまだにそうですよ。学生時代に仲よかった友達とはほとんど疎遠になってしまって。何かぼくに不誠実なところがあったんじゃないかとは思いますけどね。どうすりゃよかったのかなって。

——島田さんの著書をきっかけに、『レンブラントの帽子』とか庄野潤三の本とか、当時の文学に興味を持って読みだすみたいな人も増えていると思うんですけど、そこはどう感じてますか？

単純にすごく嬉しいですよ。特に『長い読書』の感想でそんなふうに言ってくれる人がたくさんいて、そういう役割を担いたい。それはやっぱりぼくが早稲田とか東大卒だったらできないことのような気がしてて、日大卒だからこそできることだと思う。

——等身大ということでしょうか。

ぼくのなかで想定できる読者層があって、生まれつき勉強ができるような人たちが想定している層よりは、もう少しハードルが低いような気がするんですよね。それはターゲットとかじゃなくて、自然とそうなるんです。ぼくは、学校の先生のように彼らにわかりやすく説くっていうふうな池上彰さんみたいな仕事はできないから、身をもって自分はこういう経験をしてこういう苦労をしながらやって、こんなふうによかったと。それはやっぱりぼくが日大だからこその説得力だと思うんですよね。

――もしそうだとしたら、さっきおっしゃったみたいに中1からやり直して勉強がんばるとか、人生やり直す妄想は必要ないのでは…？

あはは、ないけど…そしたらたぶん出版みたいな仕事してないと思うんですね。そもそも従兄が死ななかったらこういう仕事はしてないし、もっと全然楽しい道で…。

――いまは楽しくないんですか？

いまは楽しいけど、もっと違う楽しい道で生きてる気がする。

――島田さんのヒストリーを読んでると、島田さんの人生こそが文学っていう感じです。

そうですかね…。従兄が死ぬっていう自分にとって大きな出来事が身の回りにあったから、こういう仕事をしてるだけで。もともとこういう仕事をしたくて、こだわりの本をつくりたくてやってるわけじゃないから、そこがたぶん強みなんだろうなとは思いますけど。

——従兄さんのご両親への思いがきっかけと考えると、島田さんの強みの根本には人への思いというか優しさというか、そういうものがあるのかなと。

　何か芽生えたんだと思いますけどね、叔父叔母があまりにも打ちひしがれてるから…。そんなにぼくは情に厚い人間ではなかった気がする。昔はもっと自分のことしか考えてなかった。でも身近な人がそうやって打ちひしがれてるのを見て、何かが本当に変わったんだと思います。まあ真面目ではありましたけど、とにかく人間が変わった気がしますね。それでこじらせから無事脱却できたんじゃないかと、ははは。

——無事脱却できた、そうですか。

　当時のぼくがずっとあのままだったら、なんか自分が死んでたような気がします。何もうまくいかなくて、いま生きてないような気がする。就職もできなかった、転職もうまくいかなかっただろうし。考えると恐ろしいぐらい…何してたんだろうと思います。コンビニの店長ぐらいになれたのかもしれないですけどね。ぼくコンビニのバイト好きだったから。

人からの評価は
その人がそう思いたいだけであって、
たまたまだよね、と思ってしまう。

pha

pha

1978年大阪府生まれ。2003年に京都大学総合人間学部を卒業後、大阪府内の大学職員として就職。職場の異動に伴いタイへ移住し、2007年に退職後、「ニート」としてブログで文章を発信しつつ、インターネットで知り合った仲間と「ギークハウス」と呼ばれるシェアハウスを立ち上げ、東京に住む。2012年に初の著書『ニートの歩き方』（技術評論社）を出版後は、共著も含め10冊以上のエッセイや短歌集を出版。複数のシェアハウスの立ち上げを経て、40歳でひとり暮らしを開始。2023年より東京・高円寺の「蟹ブックス」のスタッフとして働く。

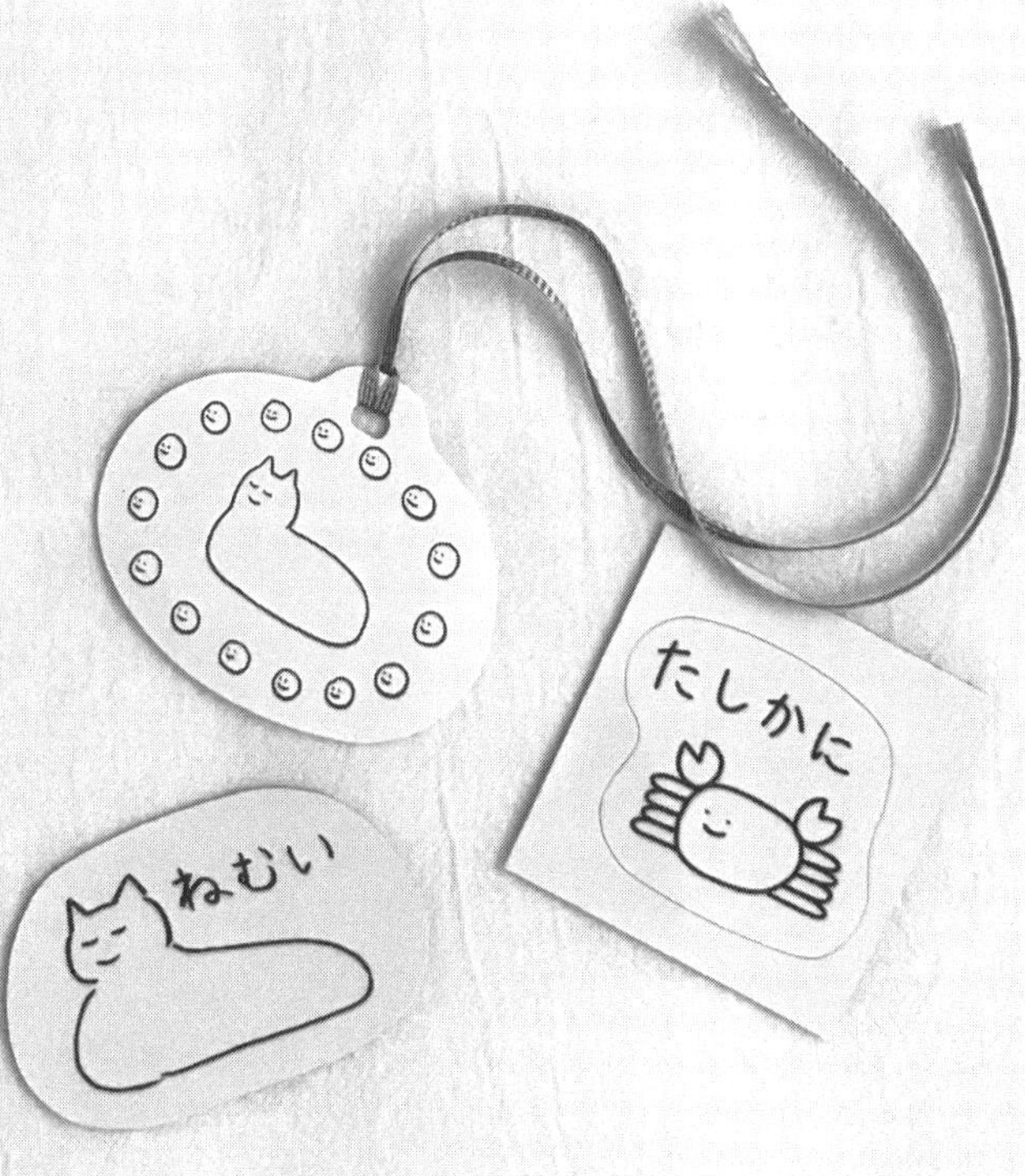

『しないことリスト』（だいわ文庫）という本を書店で見つけたのが、最初の出会いだった。「pha」という名前がふわっとしすぎていて、どんな雰囲気の人なのかまったく想像できず、こういう人がいるんだ、タイトルが秀逸な本だなと思ったことを覚えている。

会社を辞めてひとりで出版社を立ち上げ、1冊目の本を出したばかりの頃、たまたま友人と行った下北沢で、日記を手売りしているイベント（「日記屋 月日」が主催する「日記祭」だった）に遭遇。そのブースの1つに立っていたのがphaさんだった。『曖昧日記』という手書きのタイトルの下に「pha」とある。「あのphaさんですか？」「そうです」「わー」と、実物と会えたことにテンションが上がった。高円寺の「蟹ブックス」で働いていることを知り、自社の本の宣伝をしつつ、『曖昧日記3　40歳からのひとり暮らし』を購入した。文字だけで認識していたphaさんのイメージはさらっとしていたが、生身のphaさんにはざらっとした土壁のような、味のしみたおでんのような、それなりにいろいろ経験してきたであろう40代男性の存在感があった。

今回の本のインタビュー先を考えているとき、下北沢で日記を売っていたphaさんのオープンな対応を思い出し、打診してみようと思った。蟹ブックスのウェブサイトでphaさんの出勤日を調べて訪問し、レジ内にいた本人に企画書を直接渡してみた。前職で取材経験のあった店主の花田菜々子さんにも挨拶した。ちょっと緊張していた私は挙動不審だったかもしれない。私が

ｐｈａさんに企画の説明をしているとき、花田さんは気を利かせてそっと席を外してくれた。改めてｐｈａさんに送ったメールの返信には、取材を受けますというお返事とともに、「こじらせという言葉は一周回って懐かしい、という感じかもしれません。メインストリームじゃない男性に話を聞くという本は意外となかったかもしれないと思いました」と書かれていて、安心した。

取材当日、阿佐ヶ谷の「cafe spile」で、ｐｈａさんはホット豆乳チャイとガトーショコラを注文。２時間を超えた頃、追加でクミンティーを注文した。ｐｈａさんのエッセイをひととおり読んでいたこともあり、なんとなくわかったような気になって深掘りできなかったところもあったと思う。一方で、たぶんｐｈａさんは文章で発信するのが一番得意な人なのだろうなと感じた。

話をしている間、気づくとｐｈａさんは私が渡した企画書にゆるいタッチで落描きをしていた。「ぼく、しゃべりながらこういうのを延々と描いたりするんです」。描くものがいちいちかわいい。「こじらせ男子」という言葉の周りが、脱力した猫やスライムのようなものの落描きで埋められていく。そういえば、長く一緒に暮らしていた２匹の猫が立て続けに亡くなったと新刊のあとがきに書かれていたのに、そのことを聞けなかった。でも、たとえ聞けたとしても、その喪失感に迫ることができたとは思えない。ｐｈａさんのそこはかとない強さの秘密には、そう易々と迫ることはできないのだ。

どこへ行ってもやっていけない気がした

――今回、「こじらせ男子」という言葉を使うかどうかは迷いつつ、振り切った生き方をしてるなあと思う男性にいろいろオファーしてまして。phaさんの場合、すでに著書にもいろいろ書かれてるので、どうかなとも思ったりしたんですが…。

ぼくはどうだかわかんないけど、本を出してる人でも、その人特有の変なところって誰かが引き出さないと出てこない気がするし、そういうカテゴリーの男性のインタビュー集、いいんじゃないですかね。ぼくは読みたいです。

――ありがとうございます。読みたいというのは、その人の人間くささみたいなところを知りたいという感じですか？

普通っぽい枠にハマれない人が出てくるんだと思うんですけど、どういう部分がはみ出てるのかが気になりますね。それぞれみんな違う部分がはみ出てるんだろうし、そういうのを見てみたい。いろんなはみ出しパターンのサンプル集みたいな本があったら、読んでラクになる人も多いんじゃないでしょうか。

――そう思っていただけると嬉しいです。ちなみにphaさんていうペンネームの由来って？

あんまり大した由来はなくて、なんとなくですね。ファっていう語感がいいかな、みたいな。最初ブログをつくるときにＩＤが必要で、短いほうがいいな、と思ってアルファベット3文字を適当に決めて。そのときは名前にするつもりじゃなかったんですけど、だんだんphaさんって呼ばれるようになって定着してしまった。それは２００２年頃だから、もう20年前ぐらいのことですね。

――そんなに前なんですね。生まれたのは大阪の…。

大阪市の東のほうです。高校までは実家にいて、大学が京都だったので京都に引っ越して寮に入って、って感じです。

――勉強は小さい頃からできたんですか？

勉強はそうですね、なんかできました。わりと好きでしたね。

――高校まであんまり友達がいなくて、学校も居心地よくなかったと書かれていましたが。

そうですね…。集団行動が苦手というか、他人のペースに合わせるのが苦手で、ひとりでフラフラしてたかったんですよね。授業中にじっと座ってるのが苦痛だし、人の話を聞くのが苦手だから、授業もあんまり聞いてなくて、ひとりで教科書を読んで勉強してた。耳から入る情報が苦手なんですよね。本を読むのは好きなんですけど。だからラジオとか全然聴けないんですよ。映画なんかも自分のペースで観られないから、いまだに観る習慣がなくて。学校も苦手で制服とかも嫌で、とにかく毎朝同じ時間に起きて同じ場所に行くのがつらかったです。

――でも勉強はされていて…大学は京都大学でよね。一番行きたかったのが京大だったんですか？

そんなに考えてなかったですね。家から出たかったのはあったけど、当時は関西から離れて東京とかに行くのは怖いと思ってて、京都くらいがちょうどいいなという感じでした。京大なら親も反対しないだろうし。距離的には家から1時間半くらいかければ通えるから、最初ちょっと通ってたりはしたんですけど、途中からやっぱりしんどいなと思って、家を出て寮に入りました。京大の熊野寮っていうところがめちゃめちゃ家賃が安くて、光熱費込みで月4000円くらいだったので。

――寮に入ったら自然に友達ができて、そのあたりが転機になったと、本にも書かれてますけど…。寮の人たちは、高校までの周りにいた人と違う感じだったんですか？

うーん、そうですね。やっぱりなんか話が合う感じがしたのかな、高校までよりも。

――京大生の特徴みたいなものって、あるんですかね。

なんだろう、マイペースに何かをやってて、ガツガツしてない、攻撃的じゃない感じがしますね。賢いんだけど自分の世界を持って、それを追求してるみたいな。世間的な成功みたいなのとちょっと距離があるというか。京都は東京から距離があるから、独自のペースを保ちやすいみたいなのがあるのかも。

——そういう人が多かったから、友達もできた…。

かもしれないですね。

——サークル活動とかはしてました？

文芸サークルみたいなのに参加してましたね。同じ寮の人に、なんか書かない？って誘われてエッセイを書いたりしました。文章を書くようになったのはあれがきっかけでしたね、いま思うと。

——なるほど。ちなみに、大学を2年くらい休学されてたとか。

そうなんですよね。単に卒業したくない、社会に出たくないっていうだけの理由だったんですけど。大学は楽しいけど、卒業して何をすればいいのかもわかんなかったし、やりたいこともないし、社会でやっていける気がしなかった。とにかく働きたくなかった。

——働くイメージが湧かなかった？

湧かなかったですね。どこに行ってもやっていけない気がしました。友達とダラダラ遊んでることはできるけど、会社に入ったら働かないといけないし。自分だけじゃなく、寮に住んでる人は結構みんな休学とか留年とかしてましたね。

——休学の間はどんなことを？

何もしてなかったんですよね。普段どおり、寮で友達と麻雀とかしてました。どこか遠くに旅行とかもしてないし、何かした記憶がないです。そもそもあんまり学校に行ってなくてダラダラと寮で暮らしてて、休学してるときもそのままな感じで。

――そのあたりは親は黙認で？

一応報告はしました。休学すると学費がかからないので、それだったらまあって感じで。

――バイトとかもしてなかった？

当時は…大学の寮の先輩でパチプロがいて、その手伝いはしてました。その人が寮で人を集めて、みんなを連れてパチンコ屋まで行って。軍資金をもらって言われるとおりに打ったら、1日1万円もらえるみたいな。まともに働くのが苦手なのでバイトができなかったけど、そんな仕事ならなんとかできました。

――そんな先輩がいたんですね…。その後、大学は卒業して大学職員として就職されたんですよね。働きたくないけど大学職員ならいいかと思われた？

本当に働きたくなかったんだけど、でもいつまでも大学生やってられないし、できるだけ暇そうな職場だったらできるかもと思って、それで大学職員は暇そうだな、と思ったんですけど。それでも3年ぐらいしかもちませんでしたね。

――その職員の仕事でタイにも住んでいたんですよね。

勤めていた大学が、タイの大学といろいろ共同研究をやってたり、留学生を現地で募集したりしたい、というので、タイに事務所をつくったんですよね。大学職員の仕事は本当につまらなくて、ずっと辞めたいと思いながらも、でも他にやることもないしな、と思ってダラダラやってるところに、タイの人員の募集があって、志願したら、他に志願した人が誰もいなかったみたいで、採用されちゃったんです。まったく働く気がなかったのに。

――タイにはどのぐらいいたんですか？

1年ぐらいですね。本当は任期は2年だったんですけど、1年で辞めました。タイでは事務所ができたばっかりだったこともあって、仕事もあんまりなくて。だからタイ生活を楽しんでました。外国に住むの初めてだったし。タイって日本よりゆるいというか、昼間からぶらぶらしてたり、昼寝してる大人が多かったりとか、なんか自由だな、と思いました。そういうのもありなんだって。それが仕事辞めるのにつながった気もしますね。

――そうでしたか。勤めてるときは、仕事のどういうところが苦手でした？

ぼくは自分の興味あることしかできないんだな、って思いました。大学の仕事に1ミリも興味を持てなかったんですよ。でも、かといって興味のある仕事が特に思いつかなかった。世の中にあるどんな会社に行っても、どれもやりたくないって感じでしたね、当時は。

カオスな状態を面白がっていた

――phaさんのベースにあるインターネットは、いつ頃からやり始めたんでしょう？

たぶん大学4回生、5回生とかそれぐらいですかね。2001〜2003年ぐらい。その頃はサイトの数も少なかったんですけど、いろんなテキストを探して読んでました。その頃に、自分でブログ（はてなダイアリーというウェブ日記）をつけ始めたりはしてました。それでネット経由で友達ができて、会ったりするようになりましたね。

――ネットで知り合う友達って、いままでと違う感じがありました？

そうですね。すごく面白かったです。みんなネットで日記とかを書いてて、それをあらかじめ読んでるから会う前からどんな人かわかってるし。そういうのを見て自分と合いそうな人を選んで会っていくっていうふうにしたら、気の合う人がいっぱいいました。職場だとまったく話の合う人がいなかったのに。

――タイの任期の途中で大学職員を辞めてから、ギークハウス（インターネット仲間とのシェアハウス）を立ち上げるんですよね。

辞めて1年後くらいですね。辞めてからしばらくは、無職で自由だし、働いてたときの貯金があるしってことで、いろんなところを転々としてて。ゲストハウスみたいなのに泊まりながら、東京と京都を行ったり来たりしながら、ネットの人とかに会ったりしてたんですけど、そのうちに知り合いを集めて住んだら面白いかなってなってきて。ギークハウスはそれでつくりました。

——ギークハウスの主として、「日本一有名なニート」ってメディアで紹介されたんですよね。

そのキャッチコピーも誰かが勝手に言い出したことでよくわかんないんですけどね。自分で言ったことはないし、実際日本一有名でもない気がするし。会社を辞めたときに自分でニートになりましたって言ってて、当時はブログも「ｐｈａのニート日記」っていう名前でやってましたけどね。

——その頃から、ｐｈａさんの文章の固定読者がいたわけですよね。

会社を辞める前からネットのつながりはありましたけど、あんまり働かない生き方もありなんじゃないか、みたいなことを言い始めてから読者は増えましたね。今風に言うとちょっとバズったというか。そこから、ちょっと文章書いてみませんかとか、本出しませんかみたいな依頼がたまに来るようになりました。仕事を辞めたのが２００７年で、そこからブログを書き続けて、初めて本が出たのが２０１２年。それでいまにつながる感じです。

——当時、シェアハウスの様子がテレビで取材されたり、ｐｈａさんにニートとして本を書いてほし

いという依頼がどんどん来たり…という状況を、ご自身ではどう感じてました？

うーん、なんですかね…。別にそんなにテレビに出たいわけではないけど、まあイベントとして面白いかなみたいな感じでした。

——有名になってくると、変な攻撃を受けたりすることもありそうですけど…。

「けしからん」みたいに怒られることはありましたね。でもあんまり気にならないほうなんですよね、ネットで何を言われても。むしろ批判的な人がいるのは当然というか。こういう意見を言ったら7割ぐらいは賛成してくれるけど3割ぐらいは反対する人がいて、それぐらいの割合が健全だよな、というふうに、全体の割合で見ちゃう感じです。みんなが自分の意見に賛成するほうが気持ち悪い。否定があまりにも多いとちょっとへこむかもしれないけど。

——どんな批判とか攻撃がありました？

あんまり覚えてないけど…。人間はちゃんと働いて家族をつくるために生きてるんだ、とか。15年前くらいの話なのでいまとはちょっと空気が違うかも。

——確かに、当時ならそういうことを普通に言う人がいっぱいいそうな…。でもそういう世界だったからこそ、phaさんみたいな人が注目されたんですかね。

それはありますね。いまだったら同じことを言っても、そういうことを言ってる人はいっぱいいるので、特に注目されないんじゃないかなという気はします。

――ちなみにシェアハウスには、いろんなタイプの人がいたと思いますけど、この人は感覚違うなとか、距離を感じるなとかいうことはなかったですか?

そんなになかったですね。会社員も無職もフリーランスも、いろんな種類の人がいたけど、みんなインターネットが好きというのは共通してたので、それでつながってましたね。ネットの話題を話していれば平和な感じでした。東日本橋にあったシェアハウスには、オフィスがそのとき近くだったニコニコ動画のドワンゴの人たちが結構来ていて。当時は、社会性はあまりないけどプログラミングだけはできるような人が結構プログラマーをやっていて、そういう人たちと仲よくしていました。昔で言うと、酒ばっかり飲んでて喧嘩っ早くて人間としてはダメだけど腕は一流の大工さん、みたいな感じの…。いまはIT業界も成熟したのでそういう感じの人は少なくなっているかもしれませんが、当時はそういう人が結構いた印象でした。

――phaさんも当初、プログラミングをしていたんですよね。自分のサイトもそれでつくってたと。

趣味というか独学でやってました。仕事でやろうとは思わなかったですね。ちまちました作業が嫌いなので、そんなに向いてなかった。プログラミングって1文字間違ってたら動かないんだけど、そういうのをチェックするのが面倒くさいと思うほうだったので。

――シェアハウスを何か所も運営されていたときは、いろんな住人がいたと思いますし、たまにいざこざがあったとも書かれていましたけど…。phaさんは創設者という立場で「天皇」って呼ばれてた

そうですけど、その場の平和を守るのは大変ではなかったですか？

どちらかというと、カオスな状態を目指していて、滅茶苦茶になったほうがいいな、と思いながらやってたんですよね。とんでもない何かが起こってシェアハウスがつぶれたら面白い、というくらいの。でも、最後のほうはだんだんカオスに飽きてきて、そんなに無制限に人を受け入れないようになっていきましたけどね。

――新刊『パーティーが終わって、中年が始まる』（幻冬舎）で、男性同士の集まりと女性同士の集まりの違いについて書かれてましたけど。男性同士の集まりだとそんなに深い話をしなくても時間がもつみたいな話が、とても興味深いなと思いました。シェアハウスもそんな感じだったのかなと。

そうですね。みんなで麻雀したりゲームしたりしてれば相手は誰でもいいというか、寂しくないみたいな。そんな場所をつくりたいと思ってやっていました。

――一対一でしゃべる場合は、男性よりも女性とのほうがしゃべりやすいとも書いてありましたね。

話が合うかどうかでいえば、女性のほうが合う気がしますね。でも5、6人とかでなんとなく集まってダラダラ過ごすみたいなのだと、男性ばかりが気楽なところはあって、女性が入ってくると少し緊張した空気になってしまう。そういう男性の集まりに特有の感覚は、あまり誰も書いてない気がする、と思って書きました。

――その視点、すごく面白かったです。

人からの評価はどこか他人ごと

――文章を書き始めたときって、自分に向いてるなと思いました？

そうですね、向いてると思えましたね。それまであんまり、自分にできることとか好きなことって特別なかったんだけど、書くことは好きだし、自分らしさを発揮できる場所だって思えました。

――なるほど。文章に関しては、基本的に自分のことしか書けない、みたいなことも書かれてましたけど、自分の考えを文章にすることが自信になっている？

内容は別に自分のことでもなんでもいいんですけど、文章を紡いでそれなりの形にできる、ということが自信になってるかな。

――自分が本を書く意義みたいなものって考えたりします？

あんまり意識してないですね…ははは。社会に対してどういう意義があるとかいうのは別にないけど、書くのは好きだし、ある程度需要もあるみたいだしっていうので、なんとなくやってる感じですね。誰かに向けて書いてるつもりじゃないのに、読んだ人が面白がってくれるのは、な

パーティーが終わって、中年が始まる
pha
パーティーが終わって、中年が始まる　pha
夜のこと
ニートの歩き方
pha
おやすみ短歌
pha
どこでもいいからどこかへ行きたい
知の整理術
pha
しないことリスト
pha

んか不思議な感覚になりますね。

――こんな生き方とかこんな考え方があるから、ちょっとラクな気持ちになってほしいとか、そういうことも考えていない？

あんまり考えずに書いてますね。だからわりと感想が来るたびに、意外というか、そうなんですね、みたいな感じです。

――感想は嬉しかったりはするんですか？

うーん、あまり自分には関係ないな、と思ってるかも。読んだ人の感想は、読んだ人自身がつくり上げたものなので。評価されると嬉しいのは嬉しいけど、どっかで自分と関係ないなと思っている。書くこと自体が楽しいので、書くために書いてるみたいな感じで、書き終わった時点でそのあとのことはどうでもいいって思ってるようなところがあります。

――そうですか、書くのが楽しいんですね。読み直して文章の下手さが嫌になるみたいなことも発信されてましたけど、文章をよりよくしていく作業は面白いですか？

推敲は楽しいですね。何度も何度も直してしまうほうです。一旦出版されてしまうと、もうあとはどうでもいいやってなりがちですね。

――そうすると、本が重版したとか、何刷になったとか。今回はあんまり重版できてないとか、そういうのは気になります？

純粋な書き手としては、いい本がつくれれば売れ行きはわりとどうでもいいと思ってるけど、まあ重版するとお金がもらえるし、それは嬉しいですね。でも正直売れるか売れないかはガチャみたいなもんだと思ってますね。狙って売れるものじゃないので何回も回してみるしかない。本当はもうちょっと考えたほうがいいんでしょうけどね、ははは。

――確かに、運とかガチャみたいに思えてたほうがラクなのかもしれないですね。

まあ売れると活動が続けやすいという面では売れてほしいですけどね。売れたらまた別の本が出せるので。儲かることはあまり考えてないけど、継続可能かみたいなことは考えます。出すたびにお金が減っていくなら厳しいし、労力に見合う分は欲しいと思う。それ以上はあんまり考えないかもしれない。

――新刊『パーティーが終わって、中年が始まる』に、「自分はずっと、みんなから軽く扱われていたいと思っていた(でも、中年になると軽く扱われにくくなってしまった)」というふうに書かれていて、軽く扱われていいという感覚も、評価を気にしないこととつながっているのかなと。

世間とか社会一般では軽く扱われていいけど、自分の親しい人、自分がこういう人と仲よくしたいって人だけ、ちゃんと評価してくれればいいって感じなのかな。学校に行ってるときは、学校にも学校の人にも興味ないし、どう扱われてもいい、空気のような存在でいたいみたいに思ってたかもしれない。そのあと、わりと価値観の合う人に会えるようになってからは、そういう人とのつながりだけあればいいかなという感じですね。

――すごいねって持ち上げられるのは苦手？

落ち着かないですね。すごいってあなたが思うのは勝手だけど、それはあなたの問題で、ぼく自身の自己評価には特に関係ないなと思う。その人個人が何かを抱えていて、そこにうまくハマったからすごいって言ってるだけで、それってたまたまだよねと思っちゃいますね。

「恋愛っぽいこと」も書いてみた

――『夜のこと』（扶桑社）という本を読んで、結構、赤裸々に書かれているなとびっくりしたんですけど、あれはなぜ書こうと？

ああー、いままであんまりああいうのは書いてなかったし、自分にそういう恋愛っぽいことがあるって思われてなかったと思うんですけど、でもやっぱり自分にとって、恋愛とか性みたいなことも大きな部分を占めていて、それを整理したいというか、そういうのが存在しないようなふりをしてるのも申し訳ないなって感じがしたんですよね。他のことではあんまり悩まないですけど、恋愛とかの関係では、なんかずっとうまくいかなくて悩んでる部分があったので、言語化したいと思ったんです。

――書いてみて、自分のなかで気づきみたいなものはありました？

うーん、別に書かなくてもよかったのかなっていう気持ちもあるんですけど…。なんかでも、書いたことでひと段落した感じがあるかも。あれは40歳ぐらいまでの話で、30代までの総括としてああいうのをまとめることで、次の段階に進んだというか。あの頃は愚かだったな、という記録として残したって感じですね。

――愚かだったと思うんですか。

愚かでしたねえ。他人への配慮とかが全然足りなかったと思う。そういう自己満足的な本なので、あんまり読まれなくてもいいです、ははは。何かそういう、あまり表に出ないようなゴシップ的なものが好きな人だけ読んだらいいんじゃないですか。

――ゴシップ…（笑）。でもすごくリアルだなと思いました。恋愛と性行為があんまり直結していない感じっていうのが。何か結婚みたいなゴールがあって、そのために恋愛をして深い関係になり…ではなく、断片的にいろいろあるよねっていうのはリアルな感じがしました。

そのへんはずっと自分の悩みでしたね。家族は苦手だけど恋愛感情は持ってしまう、という。

――悩みですか…。「恋愛とか結婚とか家族とかそういうものはチートじゃないか」というようなことをnoteに書かれていましたけど、それもわかる気はします。人類が滅びないために人間にプログラムされているようなものかも、とか。

そうですね。そのためにプログラムされて、それに踊らされてしまうのが人間だ、みたいな感じですよね。

――そこをちょっと立ち止まる人がいても全然おかしくないと思いました。『夜のこと』は最初、文学フリマに出したそうですが、文フリにはいつ頃から出すように？

5年前ぐらいですかね。最初に出したのが『夜のこと』の同人誌版だったんです。あまり大っぴらに言う話じゃないから、同人誌が合ってると思って。それが意外に評判がよくて書籍化しませんかってオファーが来たんですけど。そのあとは、日記とかを出したりしてます。文フリには毎回出てますね。

――東京以外も？

東京以外も最近行ってますね、いろんな地方の。全部ではないけど、大阪、京都、札幌、福岡とか、年5〜6回は出てます。

――行くと、ｐｈａさんを認識している方々が買いに来る？

来てくれますね。20代、30代、40代ぐらいで、どちらかというと女性のほうが多いかも。

――そういう方々から、どんなことを言われます？

ｐｈａさんの本が好きですとか、面白かったですとか。「仕事がうまくいかなくて働けないときに本読んで勇気づけられました」みたいなことをよく言われます。

——最近の文フリで出しているのは、日記がメインですかね？

直近（2024年5月）の文フリでは、『エリーツ』っていう、仲間でやってる同人誌を出したのと、あと『15人で交換日記をつけてみた』っていう、交換日記の本を出しました。みんなで順番に、こういうのはどう思いますかとかコミュニケーションしながら日記を書くという。もともとは「日記屋 月日」っていう書店が日記を書くワークショップを主催して、ぼくがファシリテーターとして呼ばれて、それは仕事としてやってたんだけど。ぼくはあんまり仕事と仕事以外の区別がないので、ワークショップが3か月で終わったあとも、そのまま同じメンバーでずっと日記をつけ続けている、という感じです。

——「日記屋 月日」ができたのもそうですけど、日記っていま、読みたい人も書きたい人も増えてますよね。なぜでしょうね。

うーん、ものを書きたい人が増えていて、何か書くときに日記って一番手軽なんじゃないですかね。何か書いてみたい人にとって、誰でも書けるし。

——phaさんは、他の人の日記を読むのも好きなんですか？

読むのも好きですね。そもそも2003年ぐらいにブログを始めて、人のウェブ日記を読んで自分もウェブ日記を書いて、お互いに読み合いながら仲よくなっていくみたいなのをずっとやってたので。そういうのが好きなんですよね。

――そうでしたね。当時の日記と、いまnoteに書いてる日記で変化はありますか?

あんまり変わらないですね。淡々と書いてるけど、やっぱりぼくはコミュニケーションのために書いてる気がしますね。誰かに自分を知ってもらって、仲よくなりたい、という。日記を書いてる人同士で仲よくなるために書いてるみたいな。さっき言ったワークショップもそんな感じでした。シェアハウスをやってるときと、あんまりやってることは変わらなくて。みんなが集まってる様子を見守ってるのが好きみたいな、そういうところはありますね。

――つながってるんですね。日記は、読み手を意識しているなら、書かないようにしてることもあるんですか?

そんなにないけど、すごい落ち込んでるときは書きにくいかも。でも、だいたいなんでも書いてる気がしますね。やっぱり自分のためというか、自分自身を振り返るために書いています。自分が最近こういう感じで暮らしているというのを、定期的に振り返ることで、よりよく毎日過ごせるようになりたい、という気持ちがありますね。

――自分を客観視する。

そうですね、そういうツールとしていいんじゃないかと思ってます。悩んでることも書き出してみたらそれほどでもなかったということも多いし、そういうセラピー的な意味もあるのかなと。悩みって、書いて客観的に見ると、意外と大したことないんですよね。

「どうしようもなさのリアル」に共感する

――学生時代に影響を受けたものとして、中島らもの名前を挙げてましたね。

高校のとき、中島らもが好きでしたね。自分の知らない怪しい世界を見せてくれる感じがしました。学校では見られないような、怪しいもの、うさんくさいものを紹介してくれる人という印象でしたね。あとは、橋本治も結構衝撃を受けました。難しい言葉を使わなくても難しいことを考えられるんだ、こんな地に足のついた庶民的な言葉で奥の深いことを考えられるんだ、みたいなのを見せられて、かなりハマりました。

――phaさんの文章も、難しい言葉を全然使わなくて、読みやすいですよね。

ああ、影響受けてるのかもしれないですね。

――いろんな本を読んでる印象もありますが、それも大学生ぐらいのときから？

そうですね。周りの人はもっといっぱい読んでて、自分はそんなに…って感じもするけど、大学生の頃に一番読んでたかな。小説とか、あと社会学の本も読んでましたね。大学で見田宗介《むねすけ》っていう社会学者をすごい好きになって、かなり影響を受けました。

――どんなところに影響を受けました？

すごくスケールがでかい…何千年ぐらいのスパンでものを考えつつ、「人生に意味がないんじゃないか」みたいな個人の切実な思いも追求するとか、ロマンチストな感じで、そういうところにしびれましたね。影響を受けた人を3人挙げるなら、中島らも、橋本治、見田宗介って、昔はよく言ってましたね。

――なるほど。あと、noteに「だめ連」（1992年に早稲田大学の同窓生2人が結成した、オルタナティブな生き方を模索した集団）のことも書かれてましたね。

だめ連は大学時代のときに読んでましたね。自分より10歳ぐらい上の世代なんですけど、こういうよくわかんない生き方をしてる大人がいるんだって、心が支えられる感じがしたというか。大学の学園祭に来たときにちょっと会ったりもしました。

――だめ連に惹かれるという感覚につながるかもしれないですけど、phaさんのだいぶ前の日記の文章で、ある漫画について「仕事はつらいこともいろいろあるけど、がんばってよかった」みたいな話が好きじゃないと書いてあって、それが印象的でした。

めちゃめちゃがんばる人が主人公のお仕事漫画ってありますよね、すごく大変な状況だけど、がんばってそれが報われるっていう。読んでると面白いんだけど、「がんばる」ということ自体への疑いはないのが物足りないなって思っちゃいます。「がんばってないけどうまくいく」とか、もしくは「がんばったけどうまくいかない」とか、そっちのほうが本当のことな気がしますね。

――ちょっとわかる気がします。

ぼくはそういうの、うまくいかないほうに共感しますね。夢が叶わなかった、何もかもどうしようもなくなってしまう、みたいな物語に惹かれます。

役に立たないインターネットが好きだった

――ネットで長きにわたって発信されていて、phaさんはそんなに炎上とかはしないイメージですけど、何かマイルールみたいなものがあったりします?

うーん、あんまり攻撃的なことは言わないようにしてますね。人間の感情として、何かを叩いている人は叩いてもいい、という感じになると思うんですよね。こっちが穏やかで謙虚でいれば、そんなに炎上することはないかと思ってます。

――そもそもphaさんの文章では、「こういうものはそんなに得意じゃない」ぐらいは書かれていても、人に腹を立てるとか攻撃的な気持ちは見えてこない印象ですけど。

ぼくも嫌いなものはあるけど、個人的な好き嫌いよりも、さっきも言ったように世の中の何割かはこういう人がいて当たり前だ、というバランスで見ちゃうんですよね。そういうふうに見ると、そんなに腹は立たないです。明らかにおかしなことがあったとして、それが誰にも突っ込まれていないと突っ込みたくなるけど、ほとんどの場合は自分が言わなくても、すでに誰かが突っ込んでくれてるんですよね。じゃあ自分がわざわざそこに付け加えることはないと思っちゃう。

――すごく細かいことなんですけど、ツイッターでphaさんがフォローしているアカウントの数がちょうど999になってて、あれは意識してるんですか?

1000を超えないように意識して、ときどき調整してますね。あまり無制限に増やしすぎても見られないので。もうつぶやいていないアカウントのフォローを外したりしてます。5000人とかフォローしてる人いるけど、そんだけいるとわけわかんなくなると思うんですよね。1000人ぐらいだとわりと把握できます。

――インスタは…。

たまに投稿してます。結構いろんなSNSにバラバラに投稿してますね。ブルースカイもよく使ってるし。スレッズは見てるだけかな。ブルースカイは昔のツイッターっぽくて、落ち着きますね。本当に静かで、みんなが自分のことを淡々と書いてるだけみたいな、好きだった頃のツイッターって感じ。

――なるほど。

広告が入らないのもいいですね。ツイッターだと、自分も含めて、やっぱり告知とか宣伝をしちゃうんですよね。ブルースカイはそういうのがなくて静かなのがいいです。

――いま、ブルースカイとツイッターってどう使い分けてますか？

やっぱり見てる人が多いか少ないかで書くことが変わりますね。ブルースカイは見てる人が少ないので、のびのび書けるというか。ツイッターに書くときは、よく知らない人に見られても平気か、というのをいちいち考えてしまう。別にそんなやばいことを書くわけじゃないんですけど微妙なニュアンスが必要なことはツイッターには書きたくないですね。曲解されやすいので。

――phaさんぐらいフォロワーがいると、何をつぶやいても必ずいいねとか、コメントとか来るじゃないですか。それってシンプルに嬉しさになったりするものですか？

そうでもないですね。基本的にツイッターはフォローしてる人以外の通知が来ないようにしてるので、いいねとかコメントがあっても気づかないことが多いです。

――そうするとブルースカイにしてもツイッターにしても、つぶやくモチベーションというか、動機ってどんなところにあると思いますか？

知らない人にいいねされるかは気にしてないけど、知ってる人にされるとうれしいので、やっぱりコミュニケーションのためにやってるかな。何か文章を書くときの肩慣らし的に書いてるのも多いかも。あと、インターネットが告知とか宣伝とかばかりになるとつまらないので、意図的にどうでもいいつぶやきをしてるのはあります。基本的にインターネットは役に立たない余分なものであってほしい。

――役に立たない余分なもの……いいですね。

まったく意味のないことをたまにつぶやくようにしてますね（言いながら「ファミペイ」というつぶやきを見せる）。

――ファミペイ……。

これはこのときファミペイの宣伝を見たからかな……。あとは「だるい」とか。そうしないと本当に、宣伝ばっかりになってしまって、それはつまんないなと。

――なるほど。ちょっといま、phaさんのコアなところが見えた気がします。

ぼくの「ファミペイ」に8人がいいねしてるけど、何考えていいねしてるかほんとわかんないですよね。

――あははは。

みんなバズろうとして、ちょっといいこととか気の利いたことをつぶやこうとしてて、それもいいけど、そういうのばっかだと疲れるな、と。ぼくにとっての原点は、お金になるとかならないとか考えずにみんながインターネットをしてた頃なんですよね。2000年代半ばくらいの。

――ネットが経済的なものに染まりすぎてしまってるんですね、いまは。

まあ、昔は人が少なかったからお金が回ってなかっただけで、人が増えるとお金の流れが発生するのは必然なので仕方ないんですけど。でも昔の気持ちを忘れずにいたいとは思ってます。

――いいですね…。ネットの世界の変化はやっぱり感じてますか?

そうですね。やっぱり昔に比べると殺伐としたというか。

――殺伐としてますよね、いま。

してますね。ツイッターがXに変わって最初嫌だったけど、いまもう逆にこんな殺伐とした場所にツイッターなんてかわいい名前は似合わなくて、Xぐらいがちょうどいいのかもしれないっていう気がしてきました。

――あはは。確かに、ロゴもいまのほうが合ってるのかもって感じはしますね。

Xって、ちょっと口に出すのも恥ずかしいじゃないですか、ははは。それぐらいがちょうどいいのかなって感じがしてきましたね。

親と通じ合えなくても自己肯定感は持てた

――高円寺の「蟹ブックス」で働き始めたのは、いつぐらいから?

1年半前ぐらいですね。1日8時間働くなんて、もう人生でやるとは思ってなかったけど、やってみたらわりとできて、なんか楽しいですね。店主の花田菜々子さんが前の書店にいたときにイベントに呼ばれたりして縁ができて。独立されて開店した店がたまたまぼくの住んでる阿佐ヶ谷の近くだったので、よく遊びに行ってて。あるとき、スタッフが辞めるのでよかったら働きませんかみたいな話になったという。

――いまの仕事は、どういうところが面白いですか?

なんだろう、本が好きだし本を売るのも楽しいですね。大学職員をやってたときは大学なんてどうでもいいと思ってたけど、本屋はもともと好きだからいいですね。もっとこういう本を置きたい、とか、やりたいことが自然と思いつきます。

――週1回ぐらい?

そうですね、シフト入ってるのは週1回。でも実際週3回くらいは行ってますね。コワーキングスペースみたいに使ってて、原稿を書いたりしに行ってる感じです。

——1日8時間という、いままでやってなかった働き方をしてみてどうですか。

興味のないことを8時間やるのはつらいけど、好きなことならできるなって感じですね。仕事をするとお金がもらえるっていうのが、いまだに実感としてよくわかってなくて。何か好きなことをやってると、ついでにお金が入ってくる、みたいな感じでしか働けないんですよね。本屋もそんな感じでやっています。やってることは全部そうですね、文章を書くのも、文学フリマとかに出るのも、日記ワークショップとかもそうだし、楽しいと思えることだけやって、それでずっとやっていけたら、と思います。

——面白いと思えることは、年齢に応じて変わってきてる感じですか？

変わってきてますね。昔はシェアハウスが面白かったけど、そうでもなくなったからやめたし。昔は旅行が好きだったけど、いまはあんまり…とか。いまはなんだろう、本屋が一番面白いかな。まあまた移り変わるんでしょうけどね、5年ぐらいしたら…。藤川さんは会社をやるのが楽しい感じですか、いまは。

——そうですね。先は見えないですけど、好きなことはできてる感覚はありますね。

いまのほうが本当の自分的なものを出せてる、みたいな。

――そうだと思います。あと、勝手に自分がとらわれていた他者評価みたいなものから、だいぶ解放されたのはよかったかなと。

あー本当ですか。

――はい、勝手にとらわれてたというか。だからｐｈａさんみたいに評価をあまり気にしないでここまで生きてる人の、その強さはどこから来るのかがすごく気になるんですよね。

たまにそういうの聞かれるんですけど、あまり理由は思いつかなくて、生まれつきの性格じゃないかなっていう気がしますね。こういうのがあるから自信を持てるっていうのは特になくて。

――でも、自分のどこか根底に自信というか、なんとかなるだろうみたいなのがないと、ｐｈａさんみたいな生き方ってできないような気がするんですけど。

うーん、なんだろうな。たとえば「親に愛されたら自信のある子に育つけど、親と仲悪かったから自信持てない」みたいな人の話をたまに聞くんですよね、アダルトチルドレンみたいな。確かにそういう人はそうだと思うんですけど、でもぼくはわりと親と仲が悪かったけど自己肯定感があるので、自分に関してはそうじゃなくて、じゃあなんでだろう、と思うとよくわからないんですね。

――そうなんですね。

自分で文章を書けて、それがそれなりに自分で気に入ってる、というのはあるのかも。文章を書くようになるまでは、自分には何もできない、と思ってました。文章かな、やっぱり。自分で書いたものを自分でいいなって思えれば、それだけでいいのかもしれない。

——いいですね。誰かに嫉妬みたいなことを感じることはない？

あんまりないですね。他の人は自分とは違う人間だし…って思うので。

——noteで穂村弘さんみたいな文章を書きたい、と書かれてたことありますよね。

あー、はいはい。まあ憧れはありますね。穂村さんが同年代だったら嫉妬してるかもしれない。ぼくがこういうの書きたかったみたいに思っちゃうかな。

——そうですか。phaさんの生存戦略みたいなものがあるとしたら、何を武器に、何をコアにして生きていこうとしている感じですか？

うーん、ネットワークは常に広く保っておきたいというのは思ってますね。いろんな人に会っていろんな場所に顔を出していたら、なんとかなるというか。いま蟹ブックスで働いてるのも、働く前からお店にときどき来ていたというつながりがあったので。そんな感じでネットワークを保っていたら、やりたいことが自然と実現していくような気がしています。

——10代の頃までは友達をつくるのも苦手だったということですけど、そういう時期を経て、いまネットワークを大事にしているのは…自分のなかで何が変わったと思います？

なんだろう…ネットかなあ。対面でしゃべって仲よくなるのは苦手だったけど、ネットで文字のコミュニケーションだったらうまくできたんですよね。それでだんだん人間が怖くなくなってきて、対面でもそんなに怖くなくなりました。いまは文章をたまに書いたりしながら本屋の仕事をしていて、楽しくてちょうどいい感じで、それでなんとなく生活できてるけど、5年後とか、50代になったら考えも変わるかもしれないですけどね…（熱いクミンティーを飲んで、はあーと息をつく）。

――phaさんって優しいって言われませんか？

ああー、たまに言われたりしますね。でも、別にそう優しいわけでもないと思います。

――むしろ、寛容っていうほうが近いですかね。

そうですね。いろんなことに対して、まあ別にそれでいいんじゃないか、みたいに見守っている感じで、否定したりしないというか。積極的に働きかけたりもしない。わりと見てるだけ。

――その見守る感じに、周りの人は勝手に居心地よくなっちゃうのかもしれないですね。

みんないいように勘違いしているだけな気がしますけどね。

モノを捨てまくったら「何者かふう」になれたけど、いまはどんどん普通になっていく。

佐々木典士

Sasaki Fumio

1979年香川県生まれ。早稲田大学教育学部卒業後、学習研究社（現・学研ホールディングス）の『BOMB』編集部、INFASパブリケーションズの『STUDIO VOICE』編集部を経て、ワニブックスでアイドル雑誌や写真集などの編集を担当。2015年、自らのミニマリスト生活を綴った書籍『ぼくたちに、もうモノは必要ない。』（ワニブックス／増補版はちくま文庫）を出版。同書は26カ国語に翻訳され、世界累計で80万部を突破。2作目の『ぼくたちは習慣で、できている。』（ワニブックス／増補版はちくま文庫）は12カ国語に翻訳。現在はフリーランスで、香川県在住。

『ぼくたちに、もうモノは必要ない。』（ワニブックス）を2015年に書店で見つけたとき、すごく強い本だと感じた。カバーに敷かれているのは、窓から光が差す小さな部屋に、白い布団とノートPC、眼鏡、財布だけが置かれた写真。「ぼくたちに～」という、読者と同じ目線に立った断定的なタイトル。同書がはしりとなり、いわゆるミニマリスト本が各社から次々に刊行された。私が当時いたのは雑誌の編集部だったけれど、時代を象徴するようなこうした本を世に出す人に軽い嫉妬も覚えた。この本の著者が、佐々木典士さんだった。

「こじらせ男子」の取材対象者を考えているとき、ふと「ミニマリストもありかもしれない」と思い、改めて佐々木さんのことを調べ始めると、本の出版当時はワニブックスの社員だったけれどその後辞めており、2018年に2冊目の『ぼくたちは習慣で、できている。』（ワニブックス）を出版し、現在は故郷の香川県に住んでいるという。フォトグラファーの沼畑直樹さんとともに運営する「Minimal & Ism」というブログをたまに更新し、たまに発信するツイッター（X）にはフォロワーが1.4万人いるけれどフォローしているアカウントは0と、ミニマリストっぽさは健在な模様。『ぼくたちに～』が世界累計80万部超に達していることに驚愕しつつ、現在はあまりエネルギッシュに活動していない様子も気になった。1冊の本がそこまで売れて〝成功〟してしまった人は、いま、どんな心境になっているのだろう。

公開されているメールアドレス宛てにインタビューの企画書を送って数日、もう返事は来ないかなと諦めかけていると、ちょうど1週間後に返事があった。「これからミニマリストを目指そうとする人が傷つかなければいいと思うが、個人的にはこじらせてもいると思う」「振り返りとしてもいい機会になるかもしれない」「ひとり出版社も応援したい」といったコメントともに、東京に行けそうな日を挙げてくれて、その日程で都内でインタビューを行うことになった。

インタビュー場所に指定した隅田川沿いのカフェ「CLANN BY THE RIVER」に登場した佐々木さんは、話し始めて数分で「あっはっは」と豪快に笑う。その開けっぴろげな姿勢が想定外で、なんだか面白くなりそう、と思った。すべてのモヤモヤを吹き飛ばすようなその笑いは、彼の話のなかで数分に1回は差し挟まれ、そのたびになんだか気持ちがほぐされていった。

自分をさらけ出せる人は強い。『ぼくたちに~』の本が世界中で読まれているのは、佐々木さんがミニマリストになる前の「他人と比較してばかりだった、かっこ悪い自分」を、これでもかというぐらいにさらしていたことが大きかったと思う。そのさらけ出しっぷりにユーモアと哀愁があり、それを自己成長のための普遍的なセオリーに料理できるのがこの人の強みだと思った。

取材中は私のこともたくさん聞いてくれ、普通に同世代とお茶をしている感覚になった。「このへんいいとこですね」とのんびり川を眺める佐々木さんと、気づけば3時間50分も話していた。

「結婚できないですよね」と言われてきた

——東京を離れて、ご実家のある香川に住み始めたのはいつ頃ですか？

２０２０年からですね。その前にフィリピンに住んでいて、確定申告でいろいろ書類出したりするために1回、日本に帰ってきたんですよね。3月に帰ってきて実家にいたんですけど、コロナがより大騒ぎになって、飛行機も飛ばなくなって帰れなくなって。

——フィリピンにいたのはどのぐらいの期間？

結局1年と少ししかいなかったですね。本当はもっといる予定で、海外に住む経験を本にしようと思ってたんですけど。でもコロナ禍でそんなこと言ってる場合じゃないなと思って、それはとりあえずやめたんですけど。

——じゃあ、その後はずっと香川に…ご実家にいるんですか？

実家が長かったんですけど、実家にいるうちにある女性と恋愛関係になって、一緒に住み始めました。

——そうなんですね。

香川にいるのはそれだけが理由ではないんですが、大きなきっかけではありましたね。そのあたりのことも本にしようかなと思ってるんですけど。ぼくは本当にずっとひとりで自由にしてきたので、そういう時期を経て、誰かと生きるみたいなことをテーマにしようかなと思ってて。

――それは新しいフェーズですね。

そうなんです、ぼく、本当にめちゃくちゃカジュアルに「佐々木さんて結婚できないですよね」とかよく言われるんですよ。ああいう部屋(モノがない部屋)を見てるからだと思うんですけど、絶対無理ですよねと、ははは。ただ、パートナーとの関係も全然安定していなくて、2年間くらいずーっと、ゴタゴタやり合っていて。パートナーとひたすらテキストのやり取りをしてたんですが、本10冊分ぐらいの量がありそうです(笑)。

――興味深いですね、すごく濃いお付き合いをされていそうな。

まあ結構大変でしたね。どっちかというとぼくはたぶんドライだったと思うし、あんまり深く人に立ち入ってこなかったと思うんで。でもパートナーは自分とはまったく対極みたいな人で。この本が出る頃にも関係性がどうなってるかわからないですけどね。本当に安定していなくて。

――そのあたり、のちほど詳しくお聞きしたいです。いまは香川のどのあたりに?

いま住んでるのは丸亀っていう、高松から車で1時間ぐらいのところですね。実家は高松で、生まれ育ったのも高松なんですけど。

――ごきょうだいは。

兄が2人います。長男はもう実家の隣に家を建てて、次男は茨城のほうで家を建ててますね。兄たちに子どもが3人ずついるから、甥っ子姪っ子は6人いて。

――3人きょうだいの末っ子だったんですね。子どもの頃はゲームを結構やってたとか。

あ、よくご存じで。ゲームはめちゃくちゃやってましたね。小学校から高校、大学ぐらいまで。小学校の頃はゲームばっかりしてたけど、別に勉強もできたし運動もできたし。自我もまだ芽生えてなかったんで、誰とでも仲よくしてましたけど、あんまりよくない子だったと思います。力でクラス全体を支配するみたいな、あんまりよくない子でした。

――思春期にいろいろ悩んだりとか、そういう記憶は？

中学校の頃とかは男子と女子がすぱっと別れてて、お互い意識するけどあまり話さずみたいな、そういうのは人並みにありましたけど。バスケットボールしかしてなかったですね。スラムダンクに直撃されてバスケを始めて、運動ばっかりやってました。

――運動もできて勉強もできて、そんなに悩みもなくゲームにハマってた。

そう。たぶんそこらへんが自分のプロトタイプみたいな。その状態をいつも求めようとしてたところは、あとから考えるとあるんじゃないかと思うんですよね。

――なんでもできる人でありたい、みたいな。

それはあると思います。高校は進学校に行くんですけど、ちょっと背伸びしていい高校に行ったんで、まあ勉強でも落ちこぼれたりして。だから学業は厳しいからスポーツを、バスケがんばろうと思ってたら、腰を痛めてずっと治らず、バスケもやめざるを得なくなって。たぶんそのへんから…それまではクラスの男子全員と仲いいみたいな人だったんですけど、だんだん斜に構えるっていうか、多少陰があるような人になっていった感じがありますね。

就活3年やって、自殺寸前に

——高校時代に陰のある人になって…大学は早稲田に行くんですよね。

そうですね。高校のときも相変わらずゲームばっかしてましたけど、最後の半年ぐらいはちょっと心を入れ替えて勉強がんばろうかなって。数学とかは全然できなかったから、それを切り捨てて行けるところを選んで。

——なるほど。早稲田の教育学部を選んだのは何か理由が？

単純にそこしか受からなかったからです。なぜか大学は早稲田しか受けなかったんですよ。学力的には慶応とかも一緒だと思うんですけど、なんか違うよなと思って受けなかった。結果的に早稲田が合ってたかと言われたら、そういうわけでもなかった気もしますけど。早稲田だけほぼ全部の学部受けて結局、教育学部しか受からなかったんです。小さい頃は学校の先生になりたいなと思ってたときもありましたけど、教育自体にはそのときはあまり関心はなく、なんでも浅く広く学べる社会科学という学科を選びました。

――現役で入られて。

現役で入ったんですけど。もうでも大学の頃にはそれこそこじらせてたっていうか、友達とかもほぼおらず、なんかお笑いのサークルに入ってたんですけど…。

――意外です。なんでお笑いのサークルに？

ははは。高校、大学の頃はお笑い芸人になろうと一瞬思ってたんですよね。普段はシャイだったりしてあんまり話せないけど、舞台上だと大丈夫っていうか、どんな変なことでもできるみたいなところがあって。世代的にはやっぱりダウンタウンがお笑いを開発していく時期にぶち当たったんで、その影響もあったのかもしれないですね。そのときはシュール全盛みたいな感じだったんで。ものすごいシュールで別に誰にもわからなくていいよみたいな感じの、笑いがどんどん深くなっていくっていうか。すぐ笑われるようなものはお笑いじゃないみたいに思ってて。

――わかりやすいものなんて…みたいな。

なんかそれも、こじらせと言えばこじらせてるかもしれないですね。そういうふうに高校から大学にかけて人とうまくなじめないっていうか、本当に特定の人としか付き合えないとか、ひとりぼっちっぽくなってくと、だんだんそうなっていきますよね。

――お笑いサークルでは、誰かとコンビを組んだりしていた？

地元の友達と一応コンビをつくって、1回だけ舞台に立ってやったんですよね。あとはそのお笑いサークルが全国の病院に呼ばれて漫才するっていうのに参加して。でも自分が演者としてやってたのは1年ぐらいでしたね。部室が汚ーい古ーいアパートだったんですけど、居心地がよくて、そこでもひたすらファミコンとかやって。ちょいちょい出入りしてたんですけど、自分が活動しなくなってからはだんだん行かなくなって。あとはもうひとりで本ばっかり読んでて、本だけが友達みたいな暗ーい時期を過ごしてましたね。

――どんな本を読んでましたか？

もともとは哲学が好きだったんで、現代思想とかちょっと小難しそうな本を背伸びして読んでたって感じですね。哲学者はニーチェとか好きで読んでました。でもよく考えたらそんなややこしいこと考えている人が就職の面接とかで受かるわけもなく、あははは。

――そうですか…そこまで閉じてましたか。

いや、たぶんわかってたまるかとか、そういう斜に構えてる感じの人って社会だと生きていけないっていうか。本ばかり読んでたんで、もう出版社だけを受けようと思って就活をやったんですけど。そんな感じで人と全然コミュニケーションとろうとかもしてないから、面接も下手だったし、ずっと落ち続けて。結局3年間もやったんですよ、就活。ははははは。

——えっ…そうでしたか。じゃあ就職浪人的な。

ですね。1年目はわざと留年し、2年目はさすがにっていうことで卒業はして、3年目でようやく学研(学習研究社/現・学研ホールディングス)に受かったんですけど、まあ危なかった…一番そこがきつかったですね。人生で一番きつかったです。

——そうですか。

ははは。本当に友達もいない恋人もいない。誰かに相談もできないし、いまみたいにネットで自分と同じような人を探すわけにもいかないし、よく生き抜いたなと思いますね。

——そのときはバイトとかはしてたんですか。

不動産の会社でバイトはしてました。物件を見せて、社員が来るまで適当な接客をしてつなぐっていうのを。でも最後の1年はしてないかな。バイト仲間も同年代だったんで、大学卒業していなくなったし。いや危なかったです。あの頃は、それこそもう自殺寸前まで行って…。

——え、本当に…。

ははは。やっぱ3年間もおまえはダメだ、いらないって言い続けられると、さすがに人は生きていけないと思うんですよ。そうなったときって現実を俯瞰して見るしかなくて、「こんなことはなんでもないことだ」って一種、幽体離脱みたいにして眺めざるを得ないんですよね。だからまあぼくはその頃から、現実に1枚膜がかかってるというか、自分を俯瞰して見てるような感覚はずっとありましたね。

「自分の言葉」を失っていく

――就活3年目で入った学研は、いかがでしたか?

学研はいま思えば本当にいい会社だったんですけど、まったく興味のない『BOMB』っていう芸能誌の編集部に入ったんです。ぼくはそれこそカルチャー志向というか、思想とか文芸とかやりたかったんですよ。ただ写真はすごく好きだったのと…興味がないといいつつ、かわいい芸能人を取材したり撮影したりするのもなんだかんだ楽しかったと思います。でも、結局2年で辞めて、転職して、『STUDIO VOICE』(INFASパブリケーションズ)っていうカルチャー誌に入るんです。ようやく興味関心のど真ん中の仕事ができるぞって、意気込んだんですけど…とにかくきつかったですね。

――きつかった…とは、どんなふうに?

収入面も労働環境も…。雑誌の内容はすごくよかったんですけどね、自分が本当に好きな音楽家とか映画監督とか、そういう人たちに直接会えて話を聞けるっていうのは得難い経験になりました。下っ端だったんで、ひたすらテープ起こししてたんですけど、本当にいい先輩もいて、その人だけは取材に一緒に立ち会わせてくれたりして。でも当時はスケジュールもめちゃくちゃで、1か月のうち25日くらいは昼前に出社して終電で帰り、残りの5日は朝まで会社にいる、そういう生活でした。20代だったからできたけど、体力なかったら無理でしたね。

——体力的にはきつかったけど、一番やりたかったカルチャーど真ん中の媒体ができている、というその時期は、どんなマインドだったんですか?

そうですね…取材で会う人は本当にすごい人たちばっかりだったんですけど。ちょっと気になったのは、そこにいる編集者もだんだん自分の言葉を失っていくっていうか。取材対象者がすごすぎて、なんか全部借り物の言葉になっていく感じはありましたね。「この前、あの人が言ってたんだけどさ」みたいな。

——ああーなるほど。

それは気になってました。複雑ですよね、憧れてる世界に入ったのにもかかわらず…。あとは、編集部のなかでも自由に企画を出せなかったり、まあ当時のぼくの態度もよくなかったと思いますけど、スケジュールとか編集面でもいろいろ思うところがあってイライラしてて、編集部全体に問題提起のメールを一斉送信とかしてたら、ある日干され…ははははは。

――意見してたんですね。

そう、若くて尖っていましたね。1社目のときも意見してたんですけど、大企業だったから か、めちゃくちゃ意見しても怒られなかった。2社目は小さい出版社だったんで、広告営業に行ってほしいと言われて。経験もまったくないし、要するに辞めなさいということですよね。会社にいながら転職活動して、次のワニブックスに入るんですけど。結局、『STUDIO VOICE』にいたのは1年ちょっとぐらいだったんで、ちゃんと編集者としてやってた感覚はないですね、ただひたすら長時間働いてたっていう。

――ワニブックスに入ったのは30歳くらい？

30になる手前ですね。嫌だと思って飛び出した芸能関係の仕事だったんですけど、そこに空きがあって。もう早く決めなきゃいけないと焦ってたんで、結局、芸能の仕事をまたすることになったんですよね。『アップトゥボーイ』っていう、最初にやってた『BOMB』の完全な競合誌だったんです。だから転職したとき、学研の元上司から電話かかってきて、「おい！」って。

――まあ、言いたくなりますよね。

半分冗談でしたけど「おいおい」って。でもそのへんも葛藤はありましたね。結局同じような仕事に戻ってきたわけだし、会社としては前の学研のほうが大きかったですし。最近当時の記録を見返したら、30歳の頃はまた結構悩んでて、転職活動とかいろいろしてたみたいですけどね。カメラマンをやろうかなと思って新聞社のカメラマン採用に応募したりとか。

——おおー、カメラマン。

自分の本来やりたかったことに向けてもう1回再起動しようかなという感じだったみたいです、当時は。写真はずっと好きだったんで。グラビアの雑誌とか写真集をやってると、仕事でカメラマンについたりするじゃないですか。あと旅行も好きだったんで、カメラマンならいろんな場所に行けたりするし。だからそんな感じで、これでいいのかなとずっと悶々としてたんでしょうね。

——写真集の撮影で海外に行ったりもしてたんですね。

そうです。結局ミニマリストっていう言葉を知ったのは、ワニブックスの写真集のロケでクロアチアに行かせてもらったのがきっかけだったし。そのときのカメラマンが、いま一緒にブログをやってる沼畑直樹さんなんですけど。現地で雨が降って各自がホテルの部屋に籠るしかなかったことがあって、そのときの印象をミニマリストみたいだったって、帰国してから沼畑さんが旅の振り返りの記事で書いたんですよ。それがきっかけでミニマリストってなんだろうって、調べ始めたんですよね。

——そのお話、おふたりのブログの沼畑さんの記事にもありましたね。そのなかで「佐々木さんは寡黙

な人だったけどミニマリストになって変わった」と書かれていて。

寡黙な人というか、たぶん自分のことはほとんど話さず…いまもそういうところありますけど。ただ人の話を聞いてコメントしたりとか、特に何か自分の意見を言うわけでもなく。さっき話した、自分の言葉がなくなってくる問題とも通じますけど、そういう感覚があったんじゃないですかね。特に編集者ってそういう人が結構多いのかもしれないけど。

——いやあ、めちゃくちゃわかりますね、それ…。

中目黒に住んでもいいことなかった

——そのときミニマリストっていう言葉に食いついたのは、なぜだったんでしょう。

やっぱりすごく悶々としてたからだと思います。そのときにもう10年ぐらい同じ中目黒のマンションに住んでて、モノはいまも好きですけど、当時もモノが大好きだからすごくたくさん集めてて。本来はいろんな場所に住みたい人だったはずなんですけど、引っ越すにもお金かかるし、もっと広い部屋の家賃払えるかって言ったら払えないし。ちょっと不本意ながらもずっと同じような仕事をしてて結構先行き不透明っていうか、グラビアの編集者って全然つぶしきかない職業だよなとそのときは思ったりもしてて。

——そうなんですか。

いまも漫画や週刊誌の巻頭はグラビアだし、これからも続く文化なのかもしれませんけどね。ただ結構狭い世界で、カメラマンとかメイクさんとか、そんなにたくさんいるわけじゃないし。自分は本当はいろんなことができるようになりたいってそのときもずっと思ってて、にもかかわらずなにか狭い世界だなと。自分なりにはやってたんですけどね、いろいろ…新しいスタッフとしか仕事しないとか。

——そういうのはがんばってたんですね。

結構やってたんですけどね。そんなふうにものすごい停滞感があったときに、ミニマリストで検索したらアンドリュー・ハイドっていう人が出てきて、その人は荷物15個しか持ってなかったんです。いまでいうノマドですけど、海外を旅しながら自由に仕事してるみたいな人で。ずっととどまり続けてる自分とは完全に正反対だなと思って、自分もこういうふうに身軽になりたいなと強烈に思ったんですよね。すでにモノを減らし始めてたけど、そこからまたどんどんモノを減らすのが加速していった感じですね。

——そのときのモノの減らし方は自己流で?

自己流も大きいですかね。やましたひでこさんの断捨離とか、こんまりさんの本のブームが

2010年ぐらいで、そのときも本を読んで感化されてモノをある程度は減らしたんですけど。やっぱり現実のミニマリストの姿を見て、ビジュアルとしてこんなに少ないんだってのがよくわかったので、そこに行くためにはどうしたらいいのかみたいなことを考えて…。結局片づけの本でも、自分の好きなものを捨ててみようとかって絶対書いてないじゃないですか。

――確かにそこまでは書いてないですね。

ははは、まあそこまでする必要もないのかもしれないですけど。だから自分を実験体にするような感じで、いまみたいにミニマリストの情報があるわけでもなかったですし、道なき道を行っているぞ、という感覚はありました。

――佐々木さんの『ぼくたちに～』の冒頭で、ミニマリストになる前の自分は中目黒に住んでたけど、「住んでる場所？　中目黒」って言いたかっただけっていう、あれがめちゃくちゃ好きで。

あははは。ありましたね、いま考えたらバカみたいだけど。

――いやいや。モノを減らして中目黒からも引っ越したんですよね。

そうですね。ワニブックスは恵比寿だったんで、中目黒から不動前に引っ越しただけなんですけど。なんか中目黒に10年いて何かいいことがあったかというと…自分が悪いだけですけど、別に行きつけとか、知り合いの店とかもなかったし。

――そうでしたか。

そういうのって、東京に住んでいる人はありそうですよね。藤川さんがつくられた本（『東京となかよくなりたくて』）もそういうテーマかもしれないですけど。東京に来てがんばってるけど、東京と仲よくなれてる気がしないみたいな。

――ありがとうございます、触れていただいて…。

どうですか、いまはもう仲よくなれてますか。

――私ですか。私は千葉県出身なので、そんなに地方から上京したわけではなく…。ただどうでしょうね、振り落とされないようにしなきゃみたいなところはありますね、東京に。

ですよね。東京だとステータスとして、どこどこに住んでるみたいなのもやっぱありますよね。いまはどうだか知らないけど。

――いる人の傾向はありますよね。高円寺とかだと、仕事してるのかどうかわかんないヒッピーみたいな人が本当にいますけど、そういう人が居心地いいようなエリアもあれば、中目黒みたいに業界人でございます的なエリアもあるし。

あははは、そうですね。当時のぼくは、自分でも自分のことがよくわかってなかったと思います。背伸びして緊張感のある中目黒みたいな街にいるよりも、絶対に高円寺とかのほうが自分には合ってたと思うんですけどね。別におしゃれな街に住んでも毎日服買いに行くわけでもないし、毎日カフェに行くわけでもないのにね。だからまあ20代の自意識なんでしょうね。

――それでどんどんモノを減らすことでこんなに変わったと、本の中にはいろいろ書かれてますけど、そういう自意識とか自信みたいなところで特に大きな変化ってありました?

そうですね。当時は…本の冒頭にも書いたことなんですけど、大学時代の友人が大手企業に就職してお給料もよくて、湾岸エリアの高級マンションに住んでたとか。他にも、好きになった人が結婚して相手の男性が高収入だったとか。そういうのと比べて自分は本当にダメだなみたいなコンプレックスはすごくあったんだと思うんですよね。そのことを人に言うことはもっと恥ずかしいことで。そのいろんな自意識を…モノを手放すことによって、別にちっちゃい部屋でも全然いいよねとか、こういう暮らしなら生きてくのにお金もかからないから、お金稼がなくてもいいいじゃないかとか。本当に独房のような部屋でしたけど、そういう部屋になったときに、まあこれでも自分は気に入ってるんだからいいんだってはっきり言えるようになったから、いろいろ自意識が剥がれ落ちていった感じですかね。

――モノを捨て始めてから独房みたいな部屋になるまでに、どのぐらいかかりました?

1年ぐらいですね。もともとは全然モノが捨てられない人で、いまもそうですけど…。本当にめそめそしながら捨ててました。本も一気に神保町の古本屋に引き取ってもらったんですけど、1冊1冊、表紙の写真撮って。一応全部残ってますからね、写真は。

――でも、ずっとグラビアの編集部にいたのに、ミニマリストの活動を始めたことで自社から本を出すって、なかなか一気に飛躍してますよね。出版社の社員さんが著者になって自社で本を出すってあんまりないから、すごいことだなと。

ははは、そうですよね。それについては本当にワニブックスにいてよかったなと思ってます。一応企画は自由に出していいという建前はあったんですけど、書籍部も別にあるし普段は写真集の企画書をメインに出していて。でもまあミニマリストっていう生き方は本当に衝撃的だったんで、ミニマリストの本を出版したいっていう企画書を出して、その資料として自分の部屋の写真をつけたんです。こんな汚い家がこんな部屋にみたいな。でも当初は他のいろんな、部屋を綺麗にしたミニマリストたちの紹介をするみたいな本をイメージしてたと思いますし、ぼくが書くっていうのも別に決めてなくて、ふわっとしてたんですよね。その企画をなぜか、先日亡くなった横内(正昭)社長はいいって言ってくれて、企画が通って。周りの人は結構びっくりしてましたけど。

――社長が決断してくれたんですね。

最初はふわふわしてたんですけど、どこかの段階でぼくは、これは自分で書かなきゃなと思ったんですよね。客観的に見て、ぼくが書くのが一番いいと思った。別にぼくは前に出たい人間でもないんですけど、自分がやらなきゃいけない使命なんだなと思って。その後は一応書籍部の預かりになったんですが、社内の反対というか、営業部の人のなかにも「恥ずかしい」って言う人もいて。当然なんですけど、あははははは。

——ええー、そうでしたか。

でもわかりますよ、ぼくでもそう言ったかもしれない。出版社の社員が自分の出版社から著者として本出しますって、もう他に著者おらんのかい？　みたいな感じじゃないですか。反対する人もいたし、結構応援してくれる人もいて。でも自分がやらなきゃいけない使命の大きさだけはわかってるから、とにかくやるんだっていう気持ちで。だから、もうそのときには聞こえなくなってますよね、周りの人がどう思うかとか。よくやったなと思います。

——でも、モノを捨てたことで変なプライドも捨てられたから、自分が著者になるみたいな恥ずかしいこともできたとか、どこかに書かれてましたね。

それは絶対にありますね。やっぱり失敗したらとんでもなく恥かいたと思うんで。でもまあやってるときは、これは売れるというか、絶対に世の中に必要とされていて、自分がやらなきゃいけない仕事だと思ってたから。でもそんなことが許されたのは、やっぱり小さい会社だったからかなと思うんですよね。もし第1志望で集英社とか講談社とか入ってたら、絶対許されてなかったと思うし。就職のときに自分の希望が叶ってたら、あんな本は絶対、世の中に出なかったと思うんで。

——うんうん。

なんか回り回ってよかったなと思うんです。芸能とか全然志望してたわけじゃないけど、その仕事がきっかけでミニマリストっていう言葉も知ったし、『STUDIO VOICE』でも希望の仕事は全然できなかったけど、そこで文章とかも書いてたから訓練にはなっていた。結局そういういろんなことがいまの自分につながってるんじゃないかなって思うようになりましたね。

おぞましいコメントばかりだったけど

――『ぼくたちに、もうモノは必要ない。』は、並々ならぬ思いで書いていたんですね。

もう絶対に売れると思って。ただやっぱりいざ売れてみると…。自分がラジオやテレビでしゃべるとか、本が海外で翻訳されるとかは全然イメージしてなかったんで、それはすごい、なんかふわふわした、自分じゃないみたいな感じはありましたけどね。

――そうなんですね。

本を出版した後、本当にメディアに出まくったり、海外でもたくさん講演したりして。そういうのは結構前の話なんで、だいぶ落ち着いてきてはいるんですけど。でもまあ矛盾があったとしたら、あの本では本当に「何もなくてもいい」っていうことを主張してたんですけど、その本が出たことで自分が何者かふうになってしまって、そういうことに対する思いはいろいろありましたね。1冊目は「何者でなくてもいい」って本なのに、2冊目(『ぼくたちは習慣で、できている。』)は「やっぱり毎日努力が必要だ」みたいな、ははは。

――実はそのへんを聞きたかったんです。何者かにならなくていいっていう本を書いたのに、何者かになってしまったことの心境を。

そうですね。モノを手放したときに、地球上に自分の持ち物が100個ぐらいしかないときは本当に自由で、なんかそのへんを散歩してる野良犬みたいな感じで…当時は自分で野良人と呼んでましたけど。本当に自由で身軽で、自分の目に留まるものだけを愛でるとか、自然を見たりとかしていて、何者にもなる必要はないんだなって。毎日生活をきちんとするだけで充実感があるみたいな。別にSNSで発信するわけでもないし、誰も見てるわけじゃないけど、それでもう十分満足してるみたいな状態があったんで。そのときがもしかしたら一番よかったのかもしれないですね。ひとりでモノ減らして、それだけでこんなにも変化があるんだみたいなゾクゾクしてる感覚で。

――なるほど。本が売れて注目されていくと、評判が気になっていくじゃないですか。そういう気持ちとはどう向き合っていたのかなと。

それも、ミニマリストになっていたから耐えられた部分はあるかもしれないですね。最初、本が出て2週間ぐらいでNHKの『あさイチ』に出たんです。あれ視聴率10%ぐらいあるんで、出た当初からいろんな人に見てもらって、ヤフーニュースにもなって。ヤフーニュースのコメントとか見たら、もうおぞましいことしか書いてないんですよ、ははは。

――当時から…そうでしたか。それで気分落ちませんでした?

そんなに見ないようにはしてましたけど、結構そのときは…本当にいろんなこと考えましたけどね。たとえば自分の名前の佐々木典士ってパソコンやスマホで「ふみお」って打っても変換で出てこないんですよ。だからものすごく批判してる人も、間違えないように佐々木典士って1文字1文字打ってるとか。そういうことまで想像するとちょっとかわいいなと思えるというか。

――あははは、確かに。

「えーと、辞典の典か…」みたいな。几帳面にがんばらないと打てないんですよね、ははは。あとはなんだかんだいって、ただの細かいドットの集まりが、ああいうウェブの画面になってるだけだなとか、現実では何も起こっていなくて。

――あぁー、なるほどね。

炎上まではしなかったけど、批判はあるだろうなとは思ってましたよ。ぼくもモノがすごく好きなんで、何か言いたくなる気持ちはわかるっていうか。もしぼくが当時より5年前にミニマリストに出会ってたとしたら、たぶんブチキレてたと思うんですよね、ははは。そういえば本出し

ぼくたちは習慣で、できている。
佐々木典士
ぼくたちに、もうモノは必要ない。
佐々木典士

た当初はぼく、しばらく自分の電話番号公開してたんです。

――えっ公開してた?

公開してたんですよ、ウェブサイトに。何かあったらかけてきてっていう。1件だけ「ちょっとどうかと思う」という電話はあったんですけど、それ以外はなかったんですね。

――へええー!

いい本をありがとうございますみたいな電話はあったんですけど、非難してくる電話はほぼなかったんですよ。やっぱりみんなウェブとかコメントとかだったら書けるけど、相手を前にして電話では言わないから、だからまあそういうもんだなと思いましたね。

――めちゃくちゃすごい勇気ですね、電話番号を公開してたって。

もうなんかそのときは本当に身軽だったから、何かあってもすぐ引っ越せますし、無敵感がありましたね。それこそ独り身ですし、だからずっと家に知らない人を呼んで2、3時間話すみたいな企画もやってたんです。そのときは自分の部屋をモデルルームだと思ってたんで、ミニマリストの部屋ってこんな感じなんだよ、知りたい人はどうぞって、初版の本の奥付とかに書いてたんですね。たぶん40~50人、家に来たと思うんですけど。そのときもなんか変な人がいたり、もしストーカーとかになったりしたら30分で引っ越すんで大丈夫ですっていう気持ちでやってたんですよね。その頃はちょっと面白かったです。はははは。

――それは…すごく強いメンタルです。おうちに来たのは、だいたいミニマリスト志望の人?

そういうわけでもないんですけど。全然知らないおじさんの職場の愚痴を聞いたりとか、一番最初は普通に女性が来てくれて、それもすごいなと思うんですけどね。でも面白かったですよ。なんにもない部屋だと結局、人と話すしかないんで、数時間ずっと話してるみたいな。

――なるほど、それは特にお金を取るわけでもなく。

全然お金も取らなかったですし、話すだけでしたね。いま考えるとあの頃は面白かったですね。もう「めちゃくちゃやってやる」みたいな気持ちでした。

――なんか…やっぱり振り切ってますね、佐々木さん。想像以上です。

はははは。

できないことがあるほうが、人とつながれる

――パートナーの方と暮らし始めて、心境の変化ってあります?

すごくありますね。ぼくはいままでお話してきたとおり、基本的になんでもできるようになり

たい人で、本当にひとりで完結してたんですよね、人生の一番苦しかった時期も、誰にも相談せずになんとか生き抜いてしまったし、そういう弱みも見せないし。でも、ひとりでなんでもできる人って、たぶん誰ともつながれないなと思ったんです。この人に頼りにされている、と誰にも思われないわけだから。いまのパートナーは弱みもいっぱいあって、できないこともたくさんある人なんですけど。その代わり、人には頼りまくるし相談しまくって、すごくいろんな人とつながってはいるんですよね。結局ひとりでなんでもできて、なんでも自由に選べることって、実はそんなに自由じゃないんじゃないかなと思ったり。

――なるほど。

なんかもうミニマリストになってからは世界中のどこでも住めるぞと思ってたんですけど。フィリピンに行ったあとは、南アフリカにでも行こうかなと思ってたんで。住んだことない地域に行って、ヨーロッパに1つ、アフリカに1つ、アジアに1つ、世界中に3拠点ぐらいあったら最高なんじゃないと思ってたけど。そんな情熱もだんだんなくなってきましたし、ひとりで好きなことをやるのも、もうやり尽くしたなみたいな感じだったんですよ。

――やり尽くした…そうなんですね。

はい。だから、誰かと一緒に生きていくとなったときの、その誰かが運んできてくれる偶然性みたいなものとか、なんかもうわけのわからない展開に巻き込まれていくみたいなことって必要なんじゃないのみたいな心境になってますよね。

――へえぇ。偶然性…というと、どんなことが起きてる感じなんですか。

ものすごい細かいことで言うと…。たとえばパートナーがスーパーに行って、いきなり砂肝とかぱっと買ってくるわけですよ。2人とも料理は下手だから、この砂肝どうすんだってなって。自分だったらいきなり砂肝に手は出さないけど、でもそれで無理やりレパートリーが広がるかもしれない。そういうのはなんか面白いなという感じはしますね。あとは、ぼくは合理性を突き詰めてきたところがあるけど、パートナーはコスパを全然考えないような感じで仕事をしてたり、自分とは真逆なところが新鮮だったりします。

――わけのわからない流れに引っ張られてるっていう展開は興味深いですね。

そうですね。だからぼくも、それこそ「なぜ結婚を選ばないのか」というエッセイを書いたり、取材を受けたりしたこともありますし。もういろんな生き方が出てきてるんだから、別にそういう旧来の生き方にとらわれなくてもいいじゃんっていうことをすごく思ってたんですけど。パートナーと生きていくとか家族をつくるとか、そんなこと誰だってやってることですからね。でもぼくの考えも、だんだん普通になってきてるというか。

――でも、ひとりでなんでもやってきた佐々木さんだからこそ、パートナーみたいなコントロールのきかない対象にどう対応するかというところは、きっと面白いんじゃないかと思います。

まあ確かに…。いま結婚も本当にただコスパが悪いものと思われていますからね。パートナーもいなければ未婚の人も多いですすし、当然いろんな価値観があってしかるべきですけど。ぼくみたいに絶対にひとりで生きてたほうがいいと思ってた人間が、かなり意見が変わったんで。まあミニマリストになったときと一緒ですね。モノをたくさん持っていたところから真逆に振れたところがあるんで、その変化はいずれ本にして伝えられるところがあるかなと思ってますけどね。でも本当に関係が安定していないので、結局ぼくはひとりで生きていくのかもしれないですし。

——そうですか。ちなみに、もう東京に住むことはなさそうですか？

東京は…それなりに人情のある街とか自然のあるところだったらいいと思うんですけど、前みたいに山手線に近いところとかには住まないでしょうね。車も好きなので運転したいですし。でも東京に住むことにはあんまり興味ないかなあ。料理を始めたんで、作家さんの器とかを見るのには東京はいいなと思うんですけど。そういうマイブームみたいなものがないときは、本当にあんまりすることがなくて…美術館とかに行くしかないみたいな。東京と仲よくないからですかね。

——あはは、そうですか。じゃあ香川とは仲よくできてる感じですか？

香川とは、そうですね、当たり前ですけど母校の小学校もあれば、自分が行ってた高校の、当時とまったく同じ制服を着た人たちが自転車で走ってるのを見ると感慨深くなったり。（独立系書店の）ルヌガンガに行ったり、その近くの映画館に行ったら知り合いと会うんですよ。そのぐらいの感じが自分にはちょうどいいのかもしれないですね。

——自分が育った場所だからっていうのもあるんですかね。

そうですね。鮭やウミガメが、自分が育った川や海に帰ってくるみたいな、なんとも言えない自然さが地元に帰ってくることにはあるなと思います。ぼくも今回、自分のこじらせみたいなものの根っこについて考えたんですよ。すごく簡単にまとめると、やっぱ小学生の頃の、別に何もしてないのになんでもできた万能感みたいなものを長年求めてた感はありますね。

——努力しないで、なんでもできちゃってたんですか?

実際は大したことなかったと思うし、狭い世界で戦ってただけですけどね。それこそ東京にいたらもっと打ちのめされてたでしょうけど。でもいまは、たとえその万能感みたいなものを手に入れて、なんでもひとりでできるようになったとて…と思うんですよね。ひとりでなんでもできる人って本当に誰からも必要とされないっていう…ははは。

——なるほど、逆にそうなると。

もちろん、能力があれば頼りにされることもありますけど、やっぱり持ちつ持たれつみたいなふうにならないと、なかなかつながれないんだよなと思ったりします。

普通になっても「取り除けない性質」がある

――今後のテーマは料理とお金と書かれていましたけど、新しいことに取り組んで文章を書いていくことを引き続きやっていく感じですか。

そうですね。基本的には自分を実験体にして、そのとき不得意だったことを掘り下げるという型みたいなのがなんとなくあるんですけど、それもいつか尽きるのかもしれないですしね。本はずっと読んでいくと思うんで、インプットしたものと自分の人生とを絡めて書くみたいなことはやめないかもしれないです。でもやっぱり年齢的に、もう自分自身のためだけにはあんまりがんばれないなって。

――ああ、そうですか。

やっぱり次の世代のために何かするみたいなことのほうがモチベーションが湧くんじゃないかなと思って。たとえば何かいいものを見たりしたときに、もっと若い人がこれを見たほうが新鮮味があっていいのでは、とか思うんです。たぶん(この本にも登場している)ｐｈａさんとかも完全にそうなんですけど、もういろんなものを見ても飽きたなみたいな、はははは。

――なるほど、もうそういう心境なんですね。

ｐｈａさんとぼくは飽きっぽいというところがすごく似ていて。ただｐｈａさんはそれでもやっぱり家族とかパートナーとかのことからは逃げ切って余生を生きたいって、新刊に書かれてましたけど、はははは。

――そうらしいですね。

なんでしょうね、男性はそれこそかつてのぼくみたいに、あんまり相談もしなければ、人とつながらずに死んでいくみたいな人が多いですよね。ぼくだってどうなるかわかんないですけど、わりと普通になってきたなと思いますよ。

――それ、さっきもおっしゃっていましたけど、「普通になってきてる」って、どんな気持ちで言ってるのかなと思って。

なんでしょうね、かつて電話番号を公開して知らない人を家に呼んだりしてた、その頃のほうが自分は面白かったかもしれない。当時は、世の中にはこれからワクワクするような新しい変化がいっぱいあると思ってたし、何か面白いものがどんどん出てきて変わっていってるなっていう感覚がその頃のほうがあったかもしれないですね。

――まだまだ面白いことを探してくぞみたいな感じではなく、もう落ち着いてきている？

そうですね。それはもう完全に個人的な感覚だと思うんですけど、もともとそんなにガツガツしてないですし、すごい名誉欲とかがあるわけでもないので。まあ本当にミニマリスト本を出して、世界の人に読まれて、人生で果たさなきゃいけないことはもうやり終えたなっていう感覚はあって。自分の人生がもう終わってしまったみたいな、ｐｈａさんもよくそんなこと言うけど。やっぱり中年になると、いろんなことの主役ではなくなって、ちょっと世の中から一歩引いてみるっていうか、そういう感覚もあると思いますし。

――とはいえ、すごく売れる本を出せたことは、根っこのところの自信にはなっている？

それはあると思いますね。でも結局ぼくもね、来年で本出してから10年になるんですけど、やっぱりその頃みたいに世間にもてはやされたりとかメディアに出たりとか、そういうのに戻りたいわけじゃなくて。でも、それと同じぐらい注目を浴びることができるかって言ったら、もうなかなかないだろうなと思ったりはしますけどね。すごく成功した人だったとしても、そういうことって誰だって考えるんじゃないですかね。過去の自分と比べ始めるみたいな。

――それって、成功の度合いがすごかった人ほどきついんじゃないかなと思って。

そうですね、誰でもそうなんじゃないですかね。だって大谷翔平だってどう考えてもいまがピークっていうか。大谷が50歳ぐらいで現役を引退したとしたら…みんな絶対そのときも大谷のこと好きだと思うけど、本人的にはどうなんだろうなあ。

――確かに…。佐々木さん自身は、過去の自分と比べてそんなに苦しんでるわけではなく？

そんなに苦しんでるわけじゃないんですけどね、まあいまも、本を書く才能が自分にあるとは思ってもいないし、続けられるのかなとすごく不安になることもありますし。ただ何か自信みたいなものがあるとしたら、何かを調べ尽くすとか、もう徹底的にやるみたいなところは、自分のなかにも取り除けないものとしてあるので、やっちゃうんですよね勝手に。

――なるほど。

だから、これから本書くときもそういうふうにやるだろうし。料理とかやり始めるときもそうで、道具を買うとなったら包丁の鋼材とか形状とか、まな板の種類まで全部調べ始めるんですよ。そうやって徹底的にやるっていうのは自分のなかに残ってるんで。たとえば全然違う仕事をし始めたとしても、その仕事がうまくいくためにはどうしたらいいだろうかとか、調べたり考えたりするのはやめないと思ってるんで。その自信はたぶんあるんです。そういう自分の取り除けない性質だけは、多少頼りにしてますけどね。

「大金持ちになる道」は選ばなかった

——SNSは、たまにツイッター（X）つぶやかれたり、noteやブログを書かれたりしていますけど、何か発信のマイルールみたいなものはあるんですか？

あまりに世の中に情報が多いんで、そんなに新しいものを付け加えたくない気持ちはあるんですよね。だから1日に何件もどうでもいいことをつぶやいたりはしてないです。あんまりネガティブなことや愚痴を言ったりする場所にはしないというのも長年心がけてきたんですけど…。ただ、そういうのも含めたほうが人間らしさが出るんじゃないかなとか思うこともありますね。ちゃんと傷ついてるとかへこんでるとか落ち込んでるとか、それが最高にうまいのがｐｈａさんですけどね。ｐｈａさんの「だるい」が見たくてみんなフォローしてるみたいな。ははは。

——ああー確かに。

難しいですね。そもそもそこまでSNSを信じてないっていうか、SNSの情報を見て人生が変わることなんてそんなにないと思うんで。それは自分が発信する際も同じだなと思うから、そこまで人の人生をSNSに誘導したくないっていうのはあるかもしれない。

――なるほど。

結局SNSで自分のなかに残ってるものって、これをこうすると便利だとかいうライフハックみたいな小ネタとか、そういうものだと思うんですけど。人生変わったとかにまでなる情報はやっぱりそれなりの分量があったりするもので。本とか映画は確実に人生変えてくれたと思うんですけど、個人的にはSNSではなかったですからね。

――うんうん。

phaさんとかはツイッターの黎明期を知ってますからね。ツイッターにほぼ誰もいないときの「渋谷で誰か遊びませんか」って言って人が来るみたいな、そういう時代がかつてはあったけど…。そういえば、ぼくインスタのアカウントあるんですけど1回もポストしたことないんですよ。1回もポストせずにどこまでフォロワーが増えるかっていうのをやってるんですよね。いまフォローしてくれてる人が4000ぐらいいて、ほぼ海外の人ですけどね。

――確かに。そうだったんですか、そんな実験を。

あれも一応メッセージのつもりなんですけどね。別にあなたはそんなに他の人のSNSのぞかなくていいですよっていう。

――おおー、そういうことか…!

SNSって本当に人の時間の取り合いみたいな感じになってるじゃないですか。たぶんクリエイターのサバイブ術としては、YouTubeも含めてSNS全部やって、自分の生活の一部をフォロワーの皆さんと共有して、そこに小さなコミュニティをつくるみたいなのが正解なんですよね。本もファンでサークルみたいなのをつくって、制作過程からフォロワーの意見や投票を反映させたりしてつくるのが、たぶん一番いいはずなんですけど。でも、そういうのもなんか手法として当たり前になってきちゃってるから、どうなのかなと思って…。ぼくもそうやってミニマリストのことだけやってれば、普通に大金持ちになれたと思うんですけどね、ははは。

——ミニマリストのことを極めてサロン化したりとか?

サロン化したりね。でも、自分にはそれはできないなと思ってたんで。いわゆる片づけのカリスマっぽい人とかいますけど、ああいうふうにはできないですね。内容はほとんど…4分の3ぐらい同じなのに、2冊3冊ってどんどん本出してる人も多いじゃないですか。

——ですね。ちょっとしか違わない本を量産するみたいなことはできないっていう姿勢のほうが、私は信用できますけどね。

でもまあみんなが求めてるんですよね。人って結構、前読んだ本の内容忘れてますしね、読んで、そうそうこれこれっていう楽しみもあるから。まあぼくは片づけ業界にずっといたいわけじゃなくて、そもそもモノがなければ片づけなくても済むんじゃない?って片づけ業界に茶々を入れたようなところはあるのかもしれない。次は料理業界に対して同じようなことを言う本を書いているんですけど。

——茶々を入れるかぁ。

ミニマリストがオワコンになろうが関係ない

——『ぼくたちに、もうモノは必要ない。』は26カ国語に翻訳されているそうですけど、特に反応がいい国や地域ってありますか？

韓国、台湾、ベトナム、タイあたりはたくさん売れて、アメリカもすごく売れました。最近はイラクで海賊版が出てたことも発覚して…。英語版から訳したところが多かったと思うんで、英語版になったのは大きかったですね。英訳に携わってくれたニューヨーク在住の方が、たまたま現地の紀伊國屋書店で見つけて気に入ってくれて、その方の夫が出版社の人だったので、そういう偶然の力みたいなのは感じますね。講演に呼ばれたのは、ニューヨークと、アラブ首長国連邦とモンゴル。インドネシアはオンラインで、という感じです。モノがたくさんあってどうしようみたいな悩みは世界的にあるようで、特に経済が上向きになってるところは、どこも同じような問題を抱えてるんだなと思いました。

——そうなんですね…。でも、すごいことですよね、世界中で読まれてるなんて。

いや本当に。だからやりきった感もあって。ひとりでもうやることやったから、あとはいまあるお金を使って終わりかなみたいな…ははは。でもそうこうしているうちに、お金も大切だよねとしみじみと思うようにもなりましたね。

——ミニマリスト生活をしてれば、お金を使わなくて済むって書かれてましたけど。

まあ、ぼくはめっちゃ使ってますけどね、旅もしてるし。でも、いざとなったら使わなくても平気だろうとは思ってますけど。結局お金も、自分のためだけに使うのがいいともいえないですし。やっぱり災害があったらみんな寄付したりするじゃないですか。

——そうですね。

そういうところもお金って面白いし…っていう話も含めて、次のテーマの1つとして考えたいなと。貧困って別にお金がないことだけじゃないから。お金って、人とのつながりを断つものでもあったりするじゃないですか。お金があったら人に頼らなくても済むから。あればあるほどいいと思われたりしますけど、お金が減ってこないとやる気が出ないということもありますし。

——働かずにお金が入ってくる地主みたいな人たちも、ちょっと寂しそうだったりしますしね。

そうですね。なんかFIRE（経済的に自立した早期退職）の文脈でミニマリストを参照してる人がすごく多いんですよね。FIREするには支出を抑えなきゃいけないから、ミニマリストの生き方は参考になるみたいな。でも別に働かないで好きなことだけやってても、すぐ詰むよ、みたいなことは本当に言いたくて。そんなの1か月ぐらいで飽きるから、1か月会社休んでシミュレーションしてみたらいいのに、っていつも思うんですけど。

――なるほどね。

どうやったら働かずに生きていけるかではなく、お金がいくらあってもやりたいと思える面倒くさいことを見つけるのが先でしょう、と思うんですけどね。でもみんなやっぱり仕事がつらすぎて憧れるんですよね。毎日が日曜日だったらいいなって。でも実際に毎日日曜日みたいになってみるとすぐ飽きるから。難しいですね、何をどうやっても毎日ハッピーみたいな状態にはなかなかならないですから。

――何ごとも慣れちゃえば魅力が失われる、みたいなことも書かれてましたね。

もちろんミニマリスト生活も慣れますしね。

――いまは、ほどほどにモノがある感じですか？

モノの管理はそんなに得意ではないので基本は少ないんですけど。でもまあ東京でカリカリに削ってたときよりは全然多いです。部屋の見た目はそんなに変わってないんですけど、DIYとかキャンプとか、そういう趣味の道具もありますし。それこそ料理道具とか、始め出すともう信じられないぐらいこだわるんで、やっぱりそういうものも多少増えましたね。でも本当にもう、ミニマリストが世の中で流行ろうが廃れようがオワコンになろうが知ったこっちゃないっていうか、ははははは。

――いいですねえ、過去の自分に縛られない。

ただもう少ないほうが肌に合うという自分の性質に合ってることをやってるだけなんで。いまもモノは少なめです。ただ個人的にはインテリアなんかは、シンプルすぎるのはちょっと飽きたところもあって、もう少し装飾入れたりとか、そういう傾向もありますね。器とかも前は絶対、割れても買い直せる白い大量生産の器しか持ってなかったんですけど。最近は、1回かぎりのものもあってもいいのかなと思って作家さんの器を買い始めたり。料理のせるんだったら器もニュアンスがあるものがいいかなとか、そういうのも少しずつ変わったりしてますね。

――そうなんですね。私、「消費される」っていう言葉が気になってるんですけど、さっきの「ミニマリストがオワコンになろうが…」みたいな言葉を聞くと、消費されるとは別次元の境地にいる感じだなって、ちょっと頼もしいような気がします。

ははは。ぼく、「ミニマリスト佐々木典士」っていう肩書きで最初の本は書いたんですけど、そのうちたぶんミニマリストって名乗らなくなるだろうし、言わなくなるときは来るだろうなって思ってたから、カバーを取った表紙では肩書き外してるんですよ。

――おおー、細かいところで…。

そこは肩書きなしで自分の名前だけ入れて。最初からそういうことも考えてましたね、たぶん自分の名前だけでやっていくだろうなと。ミニマリストっていうあり方も、いつか当たり前になるっていうか。消費された部分も確かにあったのかもしれないけど…本当は自分のことをまねしてほしいというより、「自分の頭で考えて」っていう本でもあったんですけど、自分の頭で考えるのが苦手な人がこんなに多いとは思ってなかったですね。

――それは読者の様子を見て、ということですか？

読者の様子もそうですし、ものまねみたいなミニマリストのコンテンツがたくさん出てきたりとかね。先行事例があるからそれをなぞるみたいなのは仕方ないと思うんですけど、思った以上にいっぱいあるし。

――そうですか。

あと、ぼくがいつも思ってるのは、どんな有名な人の功績でも基本的には1行でまとめられてしまうことは仕方ないということですね。そうやって人のことを把握してることって多いと思うんですよ。たとえばフロイトだったら無意識を発見した人ですよとか、マルクスだったら共産主義を説いた人ですよみたいな。ミニマリストは一言で言えばモノが少ない生活をしてる人ですよとか。本当はそんな話じゃないんですけど、やっぱり人って1行でまとめて把握するものだと思うんで。その人の生きざまがどうであるかとか、その裏の物語がどうだったかは知らないじゃないですか。だからそういうふうに短縮化されて理解されること自体は、もうしょうがないなと思ったりしてますかね。それが消費っていうことかもしれないし。人はそうやって物事を把握せざるを得ないんだと思いますけどね。

――そうですね。でもそれはやっぱりちょっとせつないというか。たとえばいかにもな感じのギャルがいたとしても、「ギャルだね」で片づけるんじゃなく……それぞれあるじゃないですか。

みんな貧困なパターンで想像しますからね。ギャルだったらたぶんこういうこと言うんだろうなとか、こういう生活してるんだろうなとかね。やっぱりひとりひとりの込み入った話とか、細部に立ち入ってる時間はなかったりしますからね。でも本当は、その裏にはいろんなものがあるはずだってことだけはわかっておきたい。

――一言ではまとめられないですよね。でも、「消費される」ってよくない意味で言っちゃいましたけど、ミニマリストもギャルみたいに市民権を得たとも言えるんですかね。

そうなりつつありますよね。ミニマリストって、最初はみんな多少話題にするだろうけど、そのうち当たり前にいるものとして認識されるだろうなと思ってました。新しい血液型がただ発見されたようなもので、前から世の中に一定数いるタイプの人、モノ少なめがうまくいく人、そういう人っているよねって。「おれ、その型なんですよ」「へー」みたいな。いずれ目新しいものでも、特別に話題にするものでもなくなるだろうなとは最初から思っていました。

――新しい型、そうですね。

モノの管理が苦手で少なくしたいって思う人は、きっと永遠にいますからね。発達障害とかの文脈でも、片づけられない人にはモノを少なくするっていうのは絶対おすすめできますし。ぼくもそういうところあるかもしれないし、ははは。

――その笑い方がいいですよね、あっけらかんとしてて。会う前は勝手にちょっと神経質な感じを想像してました。

それはよく言われます。もっといろいろ切り捨ててる冷たい人かと思いました、とか。わりと普通なんですけどね。会ったら意外と人間らしいんですねとか言われて。

――あはは、すごく人間らしいと思います。

強くありたいんです。
テレビに出てくる人たち見てたら
強い人に憧れるじゃないですか。

ファビアン

Fabian

1985年徳島県生まれ。日本人の母とドイツ人の父を持つ。慶応義塾大学経済学部中退。2009年、吉本総合芸能学院（NSC）を東京14期生として卒業。吉本興業に所属し、同期の小川祐生と「あわよくば」を結成。『ノブナガ』（CBCテレビ）にレギュラー出演するほか、『アメトーーク!』（テレビ朝日系）などに出演。2016年にコンビを解散後、執筆活動を始め、第9回沖縄国際映画祭クリエイターズ・ファクトリー 映画企画コンペティションのグランプリなどを受賞。2018年にコンビを再結成。2023年、『きょうも芸の夢をみる』（ヨシモトブックス）を出版。

きょうも芸の夢をみる
ファビアン
傑出した想像力による異色の短編集。芸人の笑いと悲哀と喜びが克明に描かれている。
——又吉直樹

芸

人という生き方が気になっていた。勝手な推測では、芸人という職業だけで食べていける人は日本に300人もいないのでは？　と思うけれど、M－1グランプリには8000組以上が参加する。そしてM－1はなぜか幅広い年代の大好物で、普段あまりお笑いを観ない私でさえ決勝はリアルタイムで観てしまう。日本中に顔をさらし、恥をさらすリスクもいとわない芸人たちの清々しさと野心に触れることで、私たちは自分がどこかに置き去りにしてしまった何かを思い出すのかもしれない。

吉本興業所属の芸人であるファビアンさんを知ったのは、2024年3月に行われた東京の透明書店主催のトークイベントだった。テーマは、「芸人が本を書くことについて」。イベント前に、彼の単著『きょうも芸の夢をみる』と、又吉直樹さんらとともに作品を寄せている『第一芸人文芸部 創刊準備号』を購入して読んだ。ファビアンさんが書いているのは、ショートショートの要素が取り入れられた短編小説。単著のほうは芸人をテーマにした短編だけを収録していて、現代のおとぎ話のような空想世界の設定と、芸人として、「どうしたら笑ってもらえるか」「どうすれば売れるか」を四六時中考えてきた人にしか描けないであろう切実な感情と、それを笑い飛ばす軽やかなリズムで満たされていた。彼がドイツと日本のハーフであることも気になった。

トークイベントの告知に使用されていたファビアンさんの宣材写真は、金髪の整った顔つきで言葉を選ばずに言えばチャラめな印象だったけれど、イベントに登場したファビアンさんは丸顔で黒髪で眼鏡の、味わいのあるたたずまい。穏やかなテンションの関西弁で話す内容からは、自分たちと遠くない世界に生きている、地に足のついた人という印象を受けた。イベント後に話しかけに行き、「こじらせ男子」というテーマの本で取材したい旨を伝えたところ前向きなお返事で、その日のうちにメールでマネージャーさんの連絡先を知らせてくれた。その後も、取材日程がなかなか決まらない様子を心配して、たびたびフォローの連絡をくれた。いい人だ。

取材は吉本興業本社に近い、新大久保の「Cafe du Riche」で行った。当日は韓国アイドルの現場帰りと思われる女性たちでいっぱいで、インタビューには不向きなうるささだったけれど、ファビアンさんのよく通る声は聞きやすく、ICレコーダーにもしっかり録音されていた。「昨日まで徳島に帰省してたんで」と、名物だという味付け海苔と和三盆をくださった。いい人だ。

コミュ力が高く、器用で、努力の仕方を知っている。数多くの選択肢から生き方を選べるはずだけれど、成功のマニュアルがない芸人という道をあえて選んでいる。「テレビに出ている強い人に憧れた」というファビアンさんの話を聞けば聞くほど、強い人だと思う。この先、本人が理想とする形で売れても売れなくても、マニュアルのまったく通用しない生き方を選んでいる時点でその人はもう、多くの人が一度は手にしてみたかったキラキラしたものをつかんでいるのだ。

自分の本名を知って「人生おもろー」と思った

——今回このような企画を受けてくださってありがとうございます。

いえいえ、基本何も断らないスタンスなので。

——こじらせ男子っていう切り口に、抵抗ある人もいるかなと思ったんですけど。

こじらせ…どうでしょう。でもまあ30代後半で芸人で、売れてなくて結婚もしてないんで一般的に見たらこじらせてんやろうなとは思いますけどね。

——そういう認識なんですね。徳島県生まれで、日本人のお母様と2人暮らしで育ったそうですけど、いつ頃から自分はハーフなんだと自覚されていたんですか？

ああー、幼稚園のときにはもうわかってました。自覚はありましたね。

——お母様から説明されて？

説明はないです。自分でなんとなく気づくみたいな感じですね。おかんって結構ぼくに対して、親がひとりでごめんな、お父さんもいる家庭ならもっとやってあげられたのにみたいなことを言ってくるんですよ。そういうのを言われて気づいたのかもしれないっすね。

——お父様と会ったことは？

大人になってからドイツに行って、一瞬だけ会えたことあります。おかんには、小さい頃いろんなとこに連れて行ってもらってたんですけど。「普通の家庭で経験するようなことを、お父さんがおらんから経験させられへん」っていう言い訳だけはせんとこうみたいな人なんで、たぶん強いですね、おかんは。根性ありますよ。

——お母様は塾の先生をやってたとか。

そうですね。ぼくが物心ついたときには、自宅の離れみたいなところと、近所のホームセンターの会議室みたいなとこ借りて、小中学生を教えてましたね。じいちゃんばあちゃんも一緒に暮らしてたんですけど、ぼくが小学校のときに2人とも亡くなっちゃって。

——そうでしたか。小学校ぐらいのときはどんな子どもでした？

小学校のときは、わんぱくでふざけるし、めっちゃ怒られてましたね。たぶんぼくみたいなの（ハーフ）は田舎では珍しいし、なんかいじりたいじゃないですか。でも言い返すタイプだったんで、あんまりいい子ではなかったです。いじめられてるのにやり返しすぎて、おかんに連れられてお菓子持って謝りに行ったりとか、いっぱいいっぱいあります。あとは趣味に熱中しやすい感じでしたね。サッカーもめっちゃやってたし、水泳も習ってたし、縄跳びとか、ゲームもめっちゃやってたんで。なんかいろんなことやらしてもらって、負けず嫌いでした。

――当時からテレビでお笑いとかも観てたんですか？

うちのテレビは、小1から小5の途中ぐらいまで、NHKしか映らなかったんですよ。テレビを受信するためのアンテナを屋根に立ててたんですけど、あるとき台風でそれが飛んでいったから。おかんは自営業で、貧乏ではないようにぼくには見せてたけどたぶん貧乏やったんです。で、アンテナ飛んでってもなぜか直さなくてNHKしか映らない状態になって。『ドラゴンボール』とかは裏の人の家に観に行ってたんですけど、小5のときにやっとアンテナ直して、『めちゃイケ』観てびっくりするんですよ。そこから『めちゃイケ』は録画して観てましたね。『ダウンタウンのごっつええ感じ』は小6のときに終わって、その終わったっていう衝撃がクラスの男子で噂になって、そんなすごい番組が終わったんやと思ってDVD借りてめっちゃ観ました。

――そうでしたか。noteに書かれてた文章で、中学校で先輩から目をつけられたとか、高校では制服の中に着るTシャツ選びに悩みまくったとか、自意識の描き方がすごく面白かったですけど…中学高校はどういう時期でした？

中2の終わりぐらいまで一番こじらせてたんじゃないかな、自信がなかったんで自分に。小6でGLAYが好きになってギターを始めて、中学で友達とバンドを組むんですけど…。やりたいのに見られるの恥ずかしい、目立ちたくないけどやりたいみたいな、なんかめっちゃ恥ずかしがりながらやってました。

――あと、実家の部屋の壁にクソババアって書いてあるという話も…。それも中学時代？

あはは、はい。別に反抗期とかでもないし、おかんと仲悪かったわけでもないんですけどね。親と一緒にいると感情的になっちゃうんで。いまだに実家帰ると「髪切れ、切って帰れ」とか言われて「いや東京で切るわ」って喧嘩したりとか。たぶんそれぐらいの感じで書いたんだと思います。

――お母様からは、いい影響を受けてそうですよね。

そうですね。ぼくが楽観的なのは、おかんの影響はめっちゃあると思います。おかんは口では「いやお母さんほんまダメや」とか言ってるんですけど、行動はめっちゃポジティブ。へこたれてるの見たことない。見せないようにしてるんかわかんないすけど、体調悪いのすら見たことない。あと親戚も楽観的なんで。「あんたそんな暗い顔しとったらあかんで、自分の機嫌ぐらい自分で取りや」みたいな感じで。

――やっぱり徳島の人の気質っていうのもあるんですか。阿波おどりしてるだけあって。

あると思います、めっちゃ明るい。さっき親戚って言った人たち実は全然血はつながってなくて、裏の人んちにテレビ見に行っとったら裏の人の親戚と仲よくなって、いまだに絡みがあるっていう。親戚じゃないですけどなんか遊びに行かしてもらってて、そこの子どもたちとかには、あの人なんでうちに来ててどういう関係なん？　みたいに親が聞かれたりしてて。パチンコ大好きな豪快なおばちゃんもいて。そういう人たちの影響は受けてると思いますね。

――なるほど。あと、ファビアンていうミドルネームがあるのを知ったのが、20歳ぐらいのときだったんですよね。それはもう、サラッとお母様から？

サラッと言われました。ずっと「西木勇貫《ゆうかん》」が本名だと思ってたけど、戸籍上は「西木ファービアン勇貫」だった。たぶんミドルネームがあったら目立っていじめられるんちゃうかと思って隠してくれてたみたいで。おかんは学校側に漢字の名前使ってくださいって言ってたんだと思う。

――ミドルネームがあるってわかったときは、どういう気持ちだったんですか？

他人ごとみたいな感じ。すぐ自覚が出てくるわけじゃないんで、めっちゃ客観視してました。「えー？　人生おもろー」みたいな。

――なんか軽やかですね。

はい。それを20歳で知って、ＮＳＣ（吉本総合芸能学院）入ったのが23の歳だったんですけど、何かオリジナリティないと売れないよみたいになるじゃないですか。で、ネタで言ってみたら、ファビアンのほうが覚えてもらいやすいやんってなって、使おうって。ミドルネームなんですけど、ぼくにとってはもう半分芸名みたいな感覚ではあります。地元の友達はみんな西木とか勇貫とか呼ぶんで。

東大を2回受験して、道に迷ってた

――高校は徳島の進学校へ？

進学校ではないです。当時、徳島県は総合選抜（公立高校間で生徒の学力が均等になるように振り分けられる仕組み）っていうのをやってて、入ったのは市内の高校の普通科でした。2クラスだけ頭いい人が入れるクラスがあって、受験の成績で決まるんですけど、希望したら入れたんです。でも入学式のとき担任に、あんた希望したから入れただけで他に希望者がいたら全然入れてなかったよって言われて、実際テストやったら40人中39番みたいな。だから成績落ちないように必死みたいな期間ではありました。落ちるのは恥ずかしいよなって、テストをしのぐためにがんばってたというか。

――大学は慶応ですよね。勉強はできたほうなのかなと思うんですけど。

ちゃんと知的好奇心みたいなのが湧いたのは高2のときですかね。担任がぼくらより睡眠時間削ってプリント作ってきてくれたりして、こんなに熱心に教えてくれる人おるんやったらがんばろうかなみたいになって。高2の後半と高3はマジで勉強しかしてないぐらいがんばりました。

――ちなみに、進学先で一番目指してたところは。

東大です。

――え、東大？

もうムズさとかわからず、その担任に影響受けて勉強しようってなって、とりあえず東大やろって。高3のときは勉強に集中しようと思って携帯断ったりましたよ。解約はしてないけど、ドコモやったんでｉモードできないようにして、ネットは見ないようにして。彼女いたんすけど、学校で会うのと、連絡はショートメールだけにするぐらいにして。それぐらいあらゆるものを断って集中しないとがんばれないなっていうか、そのほうが自分で気持ち的に納得しやすいじゃないですか。

――そのぐらいがんばって…。

がんばったけど東大は落ちて。関東以外の大学生活はもう考えてなかったんで、慶応を受けて、慶応の受かった通知が卒業式の前の日ぐらいに来たんで、国立の後期は神戸大学に出してたんすけど、もう受けなかったです。で、慶応の経済に行った。

――関西じゃなくて関東しか考えてなかったっていうのは、なぜなんですか？

なんかもう東京に行きたいっていうのは漠然とあって。東京に行ける、受かったら東京に行けるんやってなるじゃないですか。将来を見据えてとかじゃなかったです。ただもうがんばったら点数が伸びて面白かったんで、ちょっとゲーム感覚で受験というものをやっちゃって、何も決めずに進学しちゃったっていう感じです。でも大学のときはぼくも病んでたんで…。

——病んでた？

病んでたっていうか、ゲーム感覚で受験に臨んだんで東大への思いも断ち切れてなくて。もう1回挑戦したほうがいいんかなと思って、結局次の年も挑戦して落ちてるんすけど。

——え、次の年も受けたんですね。

仮面浪人みたいな。でもやっぱ大学も行きながらだったんで本腰入れて勉強できなくて。成績は上がったんすけどギリギリで落ちたみたいな感じでした。

——そうでしたか。大学ではサークルに入ったりはしました？

テニサー（テニスサークル）に誘われて入って。でもなんか高3でめっちゃ成長するじゃないすか、勉強もしてるし、物事への打ち込み方を学ぶから。これぐらい時間使って…とか計画して、勉強しかしてないみたいな感じだったんで。だから1年のときにサークル入って4年生を見て、4年後あんなふうになりたくないなって思っちゃって。すごいお酒飲んでるのとか意味もなく騒いでるのとか見たから…。それでなんとなくサークルに籍は置いてるけど、拒絶反応があってあんまり行きたくないみたいな感じでした。

——病んでたっていうのはそういうときのことをイメージしてます？

というか、人生迷ってたみたいな感じですね。でもサークルは関東の人ばっかりなので、行ったら行ったで適当に同級生いじったりとか、先輩にボケたり突っ込んだりしてたら、みんなは新鮮だったみたいで。また来てよみたいに言われる感じになっちゃって。そしたらこっちも悪い気はしないんで顔とか出すじゃないですか。なんかそういうの含めてすべてが中途半端だったなと思ってます。

――いると場が盛り上がるみたいな。

そうですね。まあみんな優しかったんで笑ってくれてた感じだと思うんですよ。そのサークルは一瞬しかいなかったのに、いまだにそのときの人とかとたまに飲みいったりしますけどね。

NSCを首席で卒業したけれど

――コンビを組んでる「あわよくば」の相方の小川さんは、いつのお友達ですか?

高3のときに行ってた塾が一緒で、隣の高校でした。その頃は顔見知りぐらいだったんですけど、徳島から東京に出てくるメンバーが少ないので、おまえも東京なん?ってなって、そこから遊ぶようになりました。小川は神奈川大学で、ぼくも大学2年まで(神奈川県の)日吉に通ってたんで、近かったんですよ。2年の終わりぐらいから仲よくなって。

――一緒にお笑いやるっていうのは、どちらから誘って？

ぼくからですね、やってみるかみたいな。2人とも就活どうする？ みたいになってて、なんか普通に就職してもなあ、みたいな話はしてましたね。

――小川さんを誘ったのはなぜだったんでしょう。

地元が同じやから。お笑いって地元の奴とやるってパターンあるじゃないですか。面白かったし、自分にないもの持ってるなって思ってたから。

――小川さんにある自分にないものって？

明るさ、声の大きさとか切れ味、あとは愛嬌とか。嫌な時間でも嫌な顔せずおれるとか。苦手な場ってあるじゃないすか。もう帰りたいなと思うような場でも全然おれる奴やし。

――なるほど。お笑いをやろうと思ったのは、飲み会とかでも人を笑わせてたからいけると思って？

そういうことでもないですけどね。もともとギターとかやりだしたときの自分が本来の自分だったんで、受験がむしろちょっと寄り道ぐらいの感じでした。なんかエンタメ的なことはやりたいなみたいな。自分が小学校とか中学のときに思ったかっこいい大人っていうのがミュージシャンとか芸人とかだったんで、その初期衝動をいまだに大切にしてしまってるみたいなところがありますね。

——ミュージシャンはGLAYにハマって、お笑いで影響を受けたのは？

影響受けてるのは、ダウンタウン、千鳥とか笑い飯とかだと思うんですけど、当時のぼくにとってはナインティナインがスターでしたね。

——時代的にもそうなんですね。小川さんを誘ってNSCを受けたのが大学3年？

3年のときですけど、ぼくはそれまでに2回留年してるから、小川が4年で卒業したタイミングで一緒に入ってます。結局、NSCが1年終わったところで大学中退しました。

——NSCに入るのは結構勇気がいりませんでした？

全然、もうなんていうか当事者意識がないんで。他の人がどうやってるかあんまり知らずに、芸人になる、NSCに行くって決めちゃったので。他と比べるってことがなかったから焦りとかまったくなかったし、逆に勇気も必要なかったし。

——そうでしたか。コンビを組んだ状態でNSCに入るパターンは多いんですか？

少ないんですけど、2割ぐらいは組んで入ってきてます。

——なるほど。ファビアンさんがボケで、小川さんがツッコミで、ネタはファビアンさんが書くっていう役割ですよね。最初からそれは決めてたんですか？

なんにも決めてないです。やるって誘ったんで、書く責任も自分にあるやろなって思ったんで勝手にやって。

――「あわよくば」っていうコンビ名はどうやって決まったんですか?

2人とも徳島なんで、なんかそれに掛けたやつないかなって話してて、(徳島は昔の地名が)阿波だし、小川が「あわよくば」でええやんって。なんか芸人っぽいじゃないすか、あわよくばっていうスタンスが。やったことない仕事でもオファーくれたらなんでも出ますよみたいな。芸人っぽくていいんちゃうみたいになって、あわよくばに。

――そうなんですね。で、NSCで1年間やって、首席で卒業したんですよね。首席ってどういうふうに決まるんですか。

ははは、首席です、一応。なんか卒業大ライブみたいなのがあって、予選勝ち抜いたら出れるんですけど、そこでまたネタのトーナメントがあって、それを勝ち抜いたら。でもぼくらだけじゃないです。ダイタクとスパイクとあわよくば、3組が首席でした。

――NSCってどんな感じだったんですか。

厳しかったですよ。ネタのエントリーシートみたいなのに毎回コンビ名書くんですけど、枠からはみ出てたらその日はネタできないとか細かいとこも厳しくて。でも、ぼくらはネタはウケてたんです。選抜クラスとかにも入ったし、あわよくばってコンビがおるっていうのはたぶんすぐに広まって。ハーフの芸人も当時は珍しかったんで。他の奴に厳しい先輩も、なんかぼくには甘かったです。

――面白いって思われてたから。

それもあるだろうし、別に怒るとこないみたいな感じだったかもしれないですね。ちゃんとしてたしっていうか、ちゃんとしてるように見えてたと思うし。先輩に挨拶するとか礼儀はちゃんとするけど、さぼりたい授業はさぼるみたいな、うまいことやっちゃうみたいな感じでしたね。

――NSCを卒業した後、大学を中退したのは、迷いはなかったですか？

NSC首席で卒業して1年目で、今宮戎《いまみやえびす》っていう超若手の大会（「マンザイ新人コンクール」）があって、大阪の今宮戎神社であるんですけど、そこでも優勝したんですよ。

――おおー。

それ、第3回でダウンタウンが優勝してるみたいな大会で、ぼくらは第30回とかだったんですけど。なんか大学が保険に思えてきて、いけんじゃねってなって、学費もったいないし、周りからもうやめたらとか言われたりして、それでやめちゃいました。

――お母様には反対もされず？

いやたぶん絶対卒業してほしかったと思うんです。学費払ってくれてたし生活費もたぶんめっちゃ出してくれてたし。おまえが大学行ってたときが一番しんどかったたって言われてるし。こんなにお金払ってんのに東京におって会えへんやんみたいなこと言われてたし。まあでもおかんもたぶん田舎の、ばあちゃんとかの選択肢にはなかった人生を歩んでるんで。ぼくが生まれるまでは、自分でやりたいこと決めて生きてきた人やと思うんですよ。なので大学卒業してほしいとか思ってたとしても、生き方に関しては直接は何も言われてないです。それより髪切れとか服装ちゃんとしろとかは言われますね。

――そうですか。NSCを首席で卒業すると、いろいろ仕事がもらえるように？

まあ他のコンビよりかは多かったと思うんですけど、でも全然です。NSCの1年後輩の代の授業のアシスタント行ったりとか。ぼくらはNSCで先輩に厳しくされてたんですけど、並べとか名前はみ出るなとか掃除しろとか…それをやる役割に選ばれて。でもぼくらだけでなく結構スタッフいるんで、厳しい奴もいりゃ普通の奴もいて、ぼくは後輩には甘々でした。怒れないです。ていうかもう自分のことでいっぱいいっぱいでした。1年目なんて完全に。

――駆け出しの頃に出られていたCBCテレビの『ノブナガ』っていう番組で、ファビアンさんが毎回一発ギャグみたいなのをやってるのをYouTubeで見ました。

やらされてました、めっちゃきつかったです。お題がロケ地の地名にちなんだギャグなんで、ぼくギャガーでもないし、めっちゃ厳しかったです。

――あれはコンビで出てたんですか？

あれはもともと1人の枠で、オーディションでぼくが受かって。ノブナガに出てたのは3年目から6年目ですね。基本はコンビの活動をしてて、2週間に1回、3泊4日で番組のロケに行くみたいな時期で。

――その頃のコンビの活動っていうのはどんなことを？

漫才の出番と、あとネタ番組もちょくちょく出てたんですよ。言うても10回も行ってないと思うんですけど。ネタ番組出て、あとは営業みたいな、都内近くのイベントでネタやるとかぐらい、あとは単独ライブやるとか。

――単独ライブっていうのは自分で企画してやれるものなんですか？

ぼくらが初めて単独ライブやったのは、ノブナガのカメラが来てたからたぶん3年目やったんですけど。1回単独やると、そこからは年2回、夏と冬の単独祭りみたいなのに入れてもらえて、60分の単独をやれる感じではありました。

――そうやって活動して…コンビは1回、解散してるんですよね？

7年目のときに解散しましたね。いまは恥ずかしながら元さやに戻ってるんですけど。

――解散したときのきっかけって…。

ははは。きっかけはいっぱいあるんじゃないですかね。なんか不満たまりまくりで、人間関係うまくいかず。相方は不満はあったかもしれないすけどあんまり言わない奴なんで、最後まで言ってもらえなかったっていうのもたぶん解散の原因の1つになってると思う。ぼくも言いたいことためちゃうので、よくないなと思ってるけど。いい意味でも悪い意味でも日本人なんで、言わんでも気づけやと思っちゃうタイプなんです。

――そうでしたか。解散してからどのくらいで元さやに戻ったんですか？

2年ぐらいですかね。で、戻って1年ぐらい活動したらコロナの期間になって。相方は結婚してるんですけど、家族のために感染に気をつけないといけなかったり、収入を確保するために別の仕事でがんばって働いてて。そういう事情でコンビの出番はなくなってたんです。去年の年末に1回コンビで営業呼ばれて、普通にネタはできるし普通にウケたんですけど…今後の方向性は話し合わないといけないって感じですね。

「生きづらさ」の感覚がわからない

――いま、吉本興業のなかで又吉直樹さんが部長の第一芸人文芸部のメンバーとして、短編を書いて小冊子をつくったり、単独でショートショートを書いて書籍化したり、本にまつわる仕事がメインになってるかと思いますが…。そもそも、文章を書くようになったのはいつ頃から？

芸人やりながら旅行会社で2年ぐらいアルバイトしてた時期があって、その仕事で記事書いたのが最初です。2015年とか、30歳ぐらいのとき。働き始めて1か月でパソコン買わな話にならへんってなって、ぱっと買ったんですよ。結構おれパソコン使えるやんってなって、そこから自分の執筆も始めました。

――一番最初にショートショートを書いたのはいつぐらいでした？

コンビを1回解散することが決まった2016年の1月ぐらいに、劇場で後輩にこんなん書いたって見せてた記憶があるので、2015年末ぐらいじゃないですかね。初めて書いたのはもともと漫才にしてたネタで。なんでこれおもろいのにウケへんねやろ、もっとウケてもいいよなっていう設定があって、それを文章にしてみたんです。そんときは（ショートショート作家の）星新一も田丸雅智さんのことも知らない状態で。書いたものを後輩に、オズワルドの伊藤とかに見せたら、めっちゃおもろいじゃないですかみたいになって、5、6本書いたんです。又吉さんに送ったら、おもろいやんって言われて、今度朗読するライブあるけど読んでくれへん？て言ってもらって、読みに行ったんです。そのへんから文章書くのに自信が持てるようになって。

――ファビアンさんが書いたものを見て、これはショートショートだと又吉さんが教えてくれたとか。

そうですね。ショートショートっていうジャンルをたぶん又吉さんに教えてもらって。そっから勉強し始めたって感じです。

――又吉さんとは以前から親しかったんですか？

たぶん最初はボケ方が似てるって周りに聞いて仲よくしてくれたんですよ。パンサーの向井さんとか井下好井（当時）の好井さんとかが、又吉さんにめっちゃ似てる奴いましたよって言ってくれて。自分では全然違うと思いますけど、又吉さんのことはめっちゃ面白いと思ってるんで、認められたいっていうのはありますね。大喜利とかも答え出すのめっちゃ速くて、それってたぶんめっちゃおもろいってことなんで。あと、又吉さんがいまむかついてることとか聞くじゃないですか、こういうことあってなとか。プライド持って仕事するってこういうことなんだとか、ここは怒っていいところなんやってのも思うし。その自分の感覚にない部分を、なんか勉強さしてもらってる感はありますね。

――なるほど。ショートショートだけでなくて映画の脚本も書かれたんですよね。

そうです。２０１６年の沖縄国際映画祭（クリエイターズ・ファクトリー 映画企画コンペティション）に映画の脚本で応募したんです。本当は全然違うじゃないですか、ショートショートと脚本なんて。でも自分のなかでは書くは書くで一緒くたなんで、なんでも結果出りゃいいやと。本読んで勉強して応募して、そのときは３位だったんですけど、次の２０１７年にグランプリ取って。

――すごいですね。グランプリを取ると、それで映画が作られるということではない？

全然違いました。１年間、脚本がよくなるように沖縄の監督さんから書き方を教えてもらえるみたいな。このときの脚本は主人公をハーフの少年にして、サッカーの話書いたんですけど、ド

amazon
星新一 ショートショート1001 ❶ 1961-1968
星新一 ショートショート1001 ❷ 1968-1973
星新一 ショートショート1001 ❸ 1974-1997
新潮社
その本は 又吉直樹 ヨシタケシンスケ
あの頃な
電話をしてるふり
星新一の思想
筒井康隆入門
変な家
星の子
マイ国家
地球から来た男
どんぐり民話館
ブランコのむこうで
きまぐれロボット
ありふれた手法
進化した猿たち
つねならぬ話
盗賊会社
ご依頼の件
おかしな先祖
悪魔のいる天国
ボッコちゃん
元彼の遺言状
りんごかもしれない

イツのシーンとかも出てくるんで、こんなん実現しようとしたら何億もかかるって言われて。

――そっか、じゃあせっかく受賞しても…。

そうですね。それは1年前から、受賞してもお金がかかる話だと実現できへんってのは知ってたんです。最初に応募して3位だったとき沖縄の監督さんに、面白い脚本だったねみたいに言ってもらって、実はこういう話も考えてるんですって言ったんです。そしたらそっちのほうが絶対面白いよって言われて、次の年持って行ったらグランプリ取れたんですけど…。映画って予算がないと実現できないし、そのためには名前が売れてる人とか原作が売れてるとかじゃないとなって思って、これ小説のほうが早いんちゃうかって、小説のほうに行ったんですよね。

――で、2023年に『きょうも芸の夢をみる』(ヨシモトブックス)が出版されて。ファビアンさんのショートショート、すごく面白いです。これはどういうきっかけで出版に?

ありがとうございます。えっとね、コロナになったときに、芸人やってるとみんな探すじゃないすか、自分にできることを。で、ぼくはツイッター(X)とかnoteに、1日1個ショートショート上げたんです。

――1日1個はすごいですね。

日によっては400字くらいのもあったし、めっちゃ長いときもあったし。それを吉本の社員がおもろいって言ってくれて出版部につないでくれたんですよ。で、書きましょうってなって、そっから本出るまで3年ぐらい経ってるんですけど。

――3年かけて書いた。

なんですけど、芸人っていうテーマで書くって縛っちゃったんで、その縛りが自分で首絞めちゃって、なかなかいいのが浮かばなかったってのもあるし。なんか、本出すことに自分のなかでリアリティがまだなかったところもあって…。書いてる途中に吉本の社内で、本出したい芸人が集まっていろんな出版社にプレゼンするみたいな機会があったんです。自分は吉本から出すのは決定してたけど、一応出てくださいみたいになって。それに出たら6社か7社ぐらい手挙げてもらったんですけど、書いてるもの見せたら全部弾かれちゃって。だから、面白いけどまだめっちゃ荒削りなんやなって。そこでだいぶ書き直しをしてって感じですね。

――そうでしたか。『きょうも芸の夢をみる』っていうタイトルは誰がつけたんですか?

タイトルは自分ですかね。40個ぐらい挙げて、編集の人がこれにしますって。

――一番初めの「禁断のコント」っていう話がちょっとエロめですけど、あえて最初に?

ははは。これは一番最初に書いたやつで、文体のリズム感とかもちょっと他の話と違うかもしれない。ぼくは3本目ぐらいに入れたかったんですけど、編集者はこれを最初にしてきましたね。高校のときの担任にこの本献本したら、1本目がエロいんで図書館に置けませんって言われました。

——あはは。「まい君」っていう、マイクが擬人化された話とかもすごい好きです。

このへんは後のほうに書いてるんで、やっぱ物語の密度がちゃんと濃く書けてる。

——この「跳躍芸人」っていう話も、あり得ない場所で芸人が跳躍し続けるっていうイメージがすごく頭に浮かぶし…。いわゆる文学の世界ってその人ならではの暗さとかが反映されてるものが多いですけど、ファビアンさんの小説はすごく軽やかというか、人生への姿勢が暗くないというか。

そうかもしれないですね。たぶん楽観的だからダメな部分もいっぱいあるんですけど。ぼくはなんか本読んだりドラマ観たりしてて、そんなんで悩まんでええやんみたいに思うことが多すぎて。たぶん大雑把なんだと思う。

——いやー、それは全然いいところだと思いますけど。

いいところですかね。本でもネットでも、現代社会の生きづらさが…とかあるじゃないですか。そこを書いたら物語としておもろくなるんでしょうけど、そういうことを自分ごと化できてない自分もいて、書けないみたいなのはありますね、楽しい話しか。

「おっさんになったらウケそう」と言われるけど

――芸人さんをずっと続けてるっていうのも、楽観的な性格と関係あるんですかね。

あると思いますね。ただ焦りもありますけどね、めっちゃやばない？　とも思いますけど。

――外から見るとめちゃくちゃ残酷な世界に見えるので、続けてる人は相当な信念があるように思うんですけど。ファビアンさんが続けていける原動力ってどういうものですか？

周りが面白いって言ってくれる声ですかね、自分のつくるもの、作品を見て。漫才は最初観たときに、自分でもできそうやなって、書けるやろうと思って始めてるんですよ。漫才も文章も、受験とかもそうなのかもしれないですね。がんばり方も知ってるし、自分でもできそうだし、面白そうやし、人にちやほやされそうだし、自分の名前が残りやすいし、あと笑顔になってもらえるしみたいな。できそうやなっていう感覚がたぶん一番大きくて。ただ漫才は書けるけど表現力がどうしても足りなくて。ネタ作っても、それおまえがあと20年歳とったらウケそうやなみたいに言われたことが結構あるんですよ。

――というと？

人間力が足りないとか、爽やかすぎるとか、若すぎるとか。同じセリフでもおっさんが言ってるとおもろいけど、まだ味が出てないって。大人の男のお客さんって、味が出てないものは笑わないから、そこの葛藤はあって。あ、おれ売れるん遅いんかもってめっちゃ思ったんすよ。

――なるほど。いつぐらいにそういうことを言われてたんですか。

芸人になって4、5年目では言われてました。自分たちの漫才は女の人にも笑ってもらえるし、ライブとか収録観に来てる男のお客さんも笑ってくれるけど、画面の向こうで斜に構えて観てる人を笑わせてないような感覚だったんですよ。

――あぁー。

下ネタとかに行けば笑ってもらえたかもしれないんですけど。でも同じセリフ言ってもおれよりウケる人がもっとおるよなみたいな。下ネタとか、ケンコバさんとかが言うほうがおもろいじゃないですか。だからまだ脂がのってないんやろうなっていうのはずっとありましたね。

――いまはちょっと味が出てるんじゃないですか？

当時よりは出てると思いますけど、ただなんか男が笑うネタって…。ぼくが大笑いするのは、やるなって言われてることをずっとやるとか、やんちゃ感だとかヤンキー感とかがあるものなんですよね。相方を思いっきり殴る感じとか、女の人が見たら引いちゃうかもしんないすけど、男が見たらおもろいんですよ。少年漫画がちゃんと好きで育ってきてる、体育会系で育ってきてる王道の男を笑わせてない感覚はずっとありました。文化系の人には笑ってもらえてるかもしれないですけど、みたいな。

——体育会系の人を笑わせる…難しそうですね。

難しいです。昔よりかは脂のってきてると思いますけど、まだもうちょっとですねっていう感じはします。だから文章に行ったんですけど。文章は書いてる人の年齢は関係ないじゃないですか。まあ年齢も文章に出てくると思うんですけど、動いてる自分を見てもらうわけじゃないので。より評価されやすそうやなと思って、ていうか自分に向いてると思ってやってますね。

——そうですか。芸人さんていろんなタイプがいると思うんですけど、どういう要素が必要だと思いますか？

これ（『きょうも芸の夢をみる』）にも書いてるんですけど、お客さん、テレビスタッフ、芸人、あと社員。その4つのうち3つ笑ったら売れるとかよく言われてますね。あと、ぼくとかは普通なんですけど、そもそも地のしゃべり方がおもろい奴いるじゃないですか。小説で言うと、地の文体がおもろいみたいな、誰やろな、やす子とかたぶんそうやと思うんですけど、普通のセリフがもうおもろいみたいな、ボケようとしてなくても。

——ああー、確かに。

もう年齢に関係なく売れますよね。ぼくとか逆にちゃんとしてしまってる分、脂がのってこないと、ちゃんと地の文が面白くならないと、芯くった売れ方はしないやろうなと思います。小説でいう地の文の部分が、人で言う人《にん》っていう部分だと思うんですけど、芸人の人《にん》。人《にん》がおもろくならないと売れないかもしんないですね。なんか大喜利の部分ばっかりおもろくなっちゃってるみたいなとこもあるんで。それでも最強になったら売れると思うんですけど。粗品とかたぶんそうやと思う。めちゃくちゃ大喜利強いですし、人《にん》も、人間性ものってきてるし。若くて売れるには、勢いとか声の大きさとかもめっちゃ必要だと思うんですけど、ぼくどっちもないというか。どっちかというとテンション低めでボソッと言うタイプなんで、だともうちょっとのってこないとしんどいかなという感じですね。

この世を天国だと思いたい

——stand.fm（音声配信アプリ）の「第一芸人文芸部ラジオ」で、ピストジャムさんと2人で本の感想を語っているのが面白くて、アーカイブで聴いてますけど。朝井リョウさんの『正欲』について語った回で、いつになくファビアンさんが熱かったなと。ミスコンを廃止しようとか言ってる八重子っていう

登場人物がめっちゃ嫌い、多様性とかうるさいねんと思う、とか言ってたのがすごく印象に残ってて。

たしか朝井リョウさんは、「おまえらが多様性って言葉で救おうとしてるのはマイノリティのなかのマジョリティで、ほんまのマイノリティは救えてないやん」みたいなことを八重子に対するセリフで書いてて、確かにと思って。ぼくはもともと、そもそも世界は多様性に満ちてるんだから、そんなに多様性って言う？　って考えていて。あるじゃん、そもそもって。逆に多様性に満ちてない組織とかもかっこいいと思うし。

――多様性に満ちてない組織というと。

全員が同じ方向を向いてる、自衛隊とか見るのめっちゃ好きなんすよ。サッカーの日本代表もそうじゃないですか、多様性とかあったら逆に勝てないじゃんって思っちゃうし。１つの思いで動いてる集団見るほうが好きですね。

――バラバラじゃなくて同じ方向を向いてるってことですね。

そうですね、それはめっちゃ思いますね。うまく言葉にできないですけど。

――ご自分がハーフっていうマイノリティだから、マイノリティのこと簡単にわかると思うなよっていうことでもないんですか？

ああ、全然そういうことじゃないです。逆にマイノリティの奴に、本当は気にしてないのにマイノリティぶるなよとは思います。弱者ポジション行くの簡単やって知ってるからなって思う。

強くありたいんです、そもそもが。だからまず「人として強くありたい」がないと、その気持ちがないからそっち側行きたがるんやろって思っちゃうんで。男としても強くありたいし、強い女の人が好きだし、男らしさとかっていう言葉めっちゃ好きです。男らしさ女らしさって言葉は絶対あったほうがいいと思うタイプです。昭和っぽい考えっていう意味じゃなくて。最近、男らしさ女らしさって使うなとか言うじゃないすか、自分らしさでいいんだよとか。でも男らしさ女らしさって、ただのあるあるじゃないですか。男はこういう傾向がある、女はこういう傾向があるって、それになんでそんなに食いついてんの、とは思ったことあります。言葉悪く言えば。

――なるほど。でも、気持ちはわかります。

ははは。強い人に憧れてるんで。ていうかテレビ観てたら強い人ばっか出てるじゃないですか、あんな強い人ばっか見せられて育ったら強い人に憧れるじゃないですか。

――確かに。強くありたいっていうのは私もすごく思います。あと、『正欲』の感想のときのラジオでファビアンさんが「この世を天国だと思って生きるようにしてる。楽観的に生きたいし、この世の楽しいことを全部やりたい」と言っていたのが、めちゃくちゃ素敵だなと思いました。

天国、まあそうっすね。いい世の中やなあと思います。嫌なとこは目ぇつぶってます、ちゃんと。それをたぶん悪いことと思ってない自分がいるんですよね。

「破天荒」にはなれないから

――大学受験のときは携帯を断って勉強したりとか、芸人になってからもインプットをいろいろ努力してそうですけど、そういうストイックな感じはずっとですか？

　ずっとだと思います。芸人になってから付き合ってた彼女は、ぼくが夜10時とか11時くらいまで仕事して、そのあとファミレス行って3時ぐらいまでネタ書いたり必要なアンケートやったりとかするのについてきてて。私も何かやるって言って英語勉強して、そしたら彼女は海外行っちゃって別れちゃいました。がんばる姿を見せすぎて、なんか逆に売れてないおれじゃ満足できないって思ったのか、もっと上の世界に行っちゃいました、ははは。だから弊害もあるなと思います。

――そうでしたか…。芸人さんにもたぶん、売れたらすごく遊んじゃう人とか、売れてもストイックにがんばってる人とか、いろいろいると思いますけど、どういう姿勢を学びたいとか、ありますか？

　ぼくはたぶん20代で売れたら遊んじゃってたと思うんですけど、もうこの歳になって売れてもそっちには行かないでしょうね。めっちゃ遊んでる人もめっちゃ遊んでるのがダサいってならずにおもろいってなる世界なので、正解は人の数だけあるなとは思いますけど。あとぼくは後輩にめっちゃ甘々なんですけど、自分もそうされてるから。逆に後輩に厳しい人は嫌やなと思っちゃいます。なんでそんな言い方すんねやって人はたまにいますね。

——アマゾンのAudibleで配信してる『本ノじかん』ていうポッドキャスト番組で、ニューヨークの屋敷さんが「ファビアンさんは面白い後輩に優しい」って言ってましたけど、基本的に優しそうですよね。

あはは、怒ったことないです、怒れない。相方への怒り方もわかんなかったです。いいのか悪いのかわかんないですけど。

——誰かに嫉妬することもあまりないですか？

いや、めっちゃしますよ。ぼくがいま活動止まってる間、同期がみんな売れていってるんでめっちゃしてます。先輩にも嫉妬しますよ。なんかボケ同士って、こいつおれのことおもろいって思ってんのかなって探るときあって。自分がおもろいと思う人にはおもろいと思われたいなとか、誘われたいなとかもあるし。

——芸人さん同士でお酒飲んだりする場でも、おもろいこと言わなきゃみたいな感じなんですか？

ははは、場によっては。真剣なときと、ずっとふざけてるときとありますね。ただ真剣なときのほうがラクっすね、思ってること言っとけばいいんで。

——売れると変わっていく人とかもいそうですね。

そういう話でいうと、お金って持ったら悪い人になるとかいうパターンあるじゃないですか。でもぼくが見てて思うのは、お金って人の性格を伸ばすもんやなと。いい人はめっちゃいい人になるし、悪い人はめっちゃ悪い奴になるみたいな。売れてから、「おまえ今月なんぼやった?」って聞いてきたりとかって嫌じゃないですか。芸人やから舞台上で聞くんやったら笑いになれば別にいいと思うんですけど。

——なるほど。

あとはぼく、同期とは楽屋ではしゃべるし仲いいんですけど、プライベートでは遊ばなくて。それって誘われないからなんですけど、理由は近くに住んでないのとギャンブルやらないお金借りないお酒飲まないから。そのへんの価値観は一緒の人のほうが仲よくなりやすいです。だからずっと先輩に仲よくしてもらってたんですけど、みんなそんな感じの人ばっかりっすね。ギャンブルやらないお金貸し借りしない、お酒あんま飲まない。

——お金貸し借りするかしないかでグループ分けされるんですね。

されますね。貸し借りする人はみんな貸して返してが当たり前すぎて、もう返してない1万円とか、4万円貸して1年返ってきてないとかあると思うんですよ。そういうのがぼく嫌で。返してって言いたいけど言えないのも嫌やし、言いすぎちゃうのも嫌やし、どうしよみたいになっちゃうタイプなんで。若手ってみんな貸し借りするんですよ、パチンコで勝って貸すとか、そういう話になるとあんまりしゃべれないなってなります。

――客観的に見たら、お金の貸し借りとかしないタイプのほうが信頼できますけどね。

どうなんでしょうね。確かに、やらない人も別にいるんで、破天荒なほうがおもろいってされてるだけで。でも、（空気階段の）もぐらとかはすごいなと思います。ああいう（借金をしまくってる）スタンスで売れてない人が山ほどいるなかで売れたのが奇跡で。ちゃんと芸で売れてますしね。

――なるほど。ファビアンさんは破天荒なほうには行けない。

そうですね。みんな営業とか行ったら空いてる時間、熱いイベントがあるとか言ってその地方のパチンコ屋行ったりするんですけど、ぼくは観光地が近かったらレンタカー借りて行っちゃうとか、美術館に行くとかしてたので、ひとり行動のほうが多かったです。なんで営業で三重行ってんのに1泊して伊勢神宮行こうって発想にならへんのって思っちゃう。神社とかめっちゃ好きなんで。でもみんなその日に帰っちゃってましたね。

――そうですか。お金の話でいうと、アマゾンとか日本の大手出版社の株を買ってるそうですね。

ははは、買いました。ＡＮＡとかＪＡＬも持ってます。あとはサッカー好きなんで、上場してるマンチェスター・ユナイテッドだけ買ってるんですけど、試合の勝敗とか監督交代とかで上がったり下がったりするんで面白いですね。

――株式投資は昔からやってるんですか？

ここ3年ぐらいですかね。仕組みがわからないものの仕組みをめっちゃ調べたくなるんですよ。アプリってどう作ってんねんとか、裏側見えないじゃないですか。株も、みんな株株言うけどどうやって買ってんねんとか。なんか銀行口座以外に証券口座っていうのがあるらしいぞって知って、買ってみたぐらいの感じです。そんな全然、大した額入れてないです。

――なるほど。あと、本はたくさん読んでると思いますけど…。見せていただいた本棚の写真、小説が多めのなかに、『amazon 世界最先端の戦略がわかる』（成毛眞著／ダイヤモンド社）とかもありますね。

あ、はい。アマゾンって普通に考えたら、みんなよく知らないじゃないですか。本も生活用品もなんでも買える楽天市場のアメリカ版みたいな認識で。でもぼく最近までITのスタートアップでバイトしてて、そこ入ったとき、アマゾンがAWSっていう日本政府も使うインフラつくってるって知って。そっちのほうが儲かってるらしいっていうネット記事も見てアマゾンを知りたいと思って買ったんです。半分ぐらいしか読んでないんですけど。

――やっぱり、仕組みに興味があるんですね。

はい。だから脚本もショートショートも小説も仕組みを知りたいから、書き方の本とかちゃんと読んで書いてます。感覚で書いてるんですけど、感覚でわかってることを言語化されたら余計入ってくるみたいな。あるあるネタも、言語化されたらほんまやそんなことあるわって入ってくるじゃないですか。それと一緒です。

――なるほどね。小説はいろいろ読まれてると思いますけど、この人の文章が好きとか、世界観が好きとかってあります?

めちゃくちゃ面白いのは今村夏子さん。だけど面白くて嫉妬するし、もう連続で読めないです。この書き方できる才能はすごいなというか。だから今村夏子さんの全部読みたいと思うんですけど1冊受け入れるのに体力がいりすぎて、おもろーってなるんで、まだ全部読めてない感じです。

――そうですか。第一芸人文芸部の活動ってどうですか。stand.fmやったり、文学フリマに出したり。

めちゃくちゃおもろいです。やってなかったことに挑戦してるって感覚もあるんで。BSよしもとの『俺の推し本』って番組も3本撮りだったりするんで、1日に3つも本紹介するのめっちゃ疲れるけど、充実感はありますね。書くだけやなくて、芸人なので他の作家さんができない仕事もいっぱいもらえるじゃないですか。本を紹介するのもそうやし、しゃべりの仕事もあるし、なのでなんか弾は込められてるかなと思いますけどね。

――弾は込められてる、いいですね。

でも、漫才やってたときも文章もそうですけど、突き抜けた才能はまだ持ててないな、みたいなところで悩んではいます。文章でも結局賞取らないと、本出しても売れへんねやってめちゃくちゃ思いました。賞取らなくても書店員さんがおもろいってなって話題になるとか、そこまでのものを自分ではまだ作れてはないし。自分の本、2作目も書いてて、吉本からはクオリティとしては面白いんで出したいですねとは言ってもらえてるんですけど、前作と同じぐらいしか売れへんだろうなと思って躊躇してる自分もいます。何かを書いてる人とか芸人とか放送作家とかが面白いと思えるようなものを探っていくしかないですね。

——いままで1回も、芸人やめようかなって思ったことはないですか？

ないですけど、続けれるんかなとは思ってます。いつまで続けていいんだろうなって。ただやめるとしても何か近いことやる気がしますね。

——会社員とかではなく。

そうですね。いままで2社ぐらいの企業で社員さんを取材して記事書くバイトをしてて思ったんですけど。社員さんに今後の目標を教えてくださいとか言うと、みんな会社としての目標を言うんですよね。「やりたいことは何なんですか？」って聞くと、「いまこういう部署で働いてるから、こういうふうな世の中つくっていきたい」みたいなこと言うから、「それって社長のやりたいことじゃないですか？　あなたがやりたいことは何なんですか？」っていつも聞いてたんです。そういう社員さんって、社長がやりたいことのお手伝い集団にぼくには見えるんです。

——確かに、そういう人のほうが多いでしょうね。

でも、その会社でものすごいスキルアップしたい人とかも、なかにはいるじゃないですか。ここで実績つくってほんまはこれやりたいって。だから社会人の方にも2パターンいるなと思ってて。社長のやりたいことに自分は協力してるけど、ここを踏み台にしたいっていう人と、自分は何がやりたいか全然自覚してない人と。「自分のこと語っていいんですか?」みたいになる人もいるんで。だからぼくはそうやって悟っちゃってる以上、もし芸人やめたとしても、起業とかしちゃうと思う。自分で何かやると思います。

――わかる気がします。芸人さん以外で交流がある学生時代の友達とかいます?

います。たまに連絡取ったり、東京来たら誘ってくれる地元の友達とかいますよ。

――会社員の人とか?

会社員やけどみんな頭いいんで。高校の友達は…ぼくとかが火つけ役になったかもしんないですけど、学年でちょっと勉強ブームみたいになっちゃって、みんながんばって結構いいとこ行ったんですよ。仲よかった奴は京大の薬学部行って薬剤師資格取ってから商社入って、薬の認可やってたりとか。あとは官僚だったり、弁護士とか医者とかばっかりっすね。みんながんばってて、ぼくだけちゃらんぽらんな感じでやってます。でも会うとめっちゃ刺激もらうし、稼がないといけないなとも思うし。芸人で売れてる先輩より刺激もらうかもしれない。ちゃんと社会に貢献してるなと思います、ぼくよりも。

――そうですか。もし起業するならどんな分野で、とかありますか？

エンタメとかクリエイティブなことの起業はおもろそうやなと思います。経営者でも居酒屋とかエステサロンを何軒も持ってるみたいなのは、自分は違うかなと。たまたまスタートアップで5年間バイトして、会社が上場するところとかも見せてもらったんで、起業ってこういうことなんだってすごい思いましたね。役員とかで、いままで渡り歩いたスタートアップが全部上場してるから持ち株で億万長者になってて、もう働かなくても食っていけるみたいな人もいて、こういう世界あるんだなって。それを見てるから、起業家っていままでなかったサービスで世の中に新しい価値を提供するとか、そういう人だと思っちゃってますね。

――なるほど。そういうビジネスの世界へのアンテナも張ってるファビアンさんの、破天荒じゃない健全な感覚で生み出せるお笑いとか小説とか、私はもっと見てみたいですけどね。

ありがとうございます。まあでも、もう39やし、追い込まれてんちゃうかとか思いますよ。やばい、やばないか、みたいに思いますけど。

――でも、心が健康な感じがするので、あんまりやばそうに見えないです。

健康なのかなあ。でも振られたことしかないですよ、女の子には。なんでかわかんないですけど、優柔不断だったりするんじゃないですかね。趣味と仕事の区別がつかなくて、やりたいことが第一みたいになっちゃってますね。ショートショートのネタ考えるのも実生活とめっちゃリンクしてるし。

――ショートショートみたいな楽しいネタ考えてると、落ち込む暇がないような。

そうですね。だから落ち込むとしても、うわーあの設定、あの小説で先やられてたとか、そんな感じですね。

宇宙でぼくしかやらないようなことを
ひたすら寝ずにやってたら、
「わらしべ長者きたぞ」ってなった。

田中弦

Tanaka Yuguru

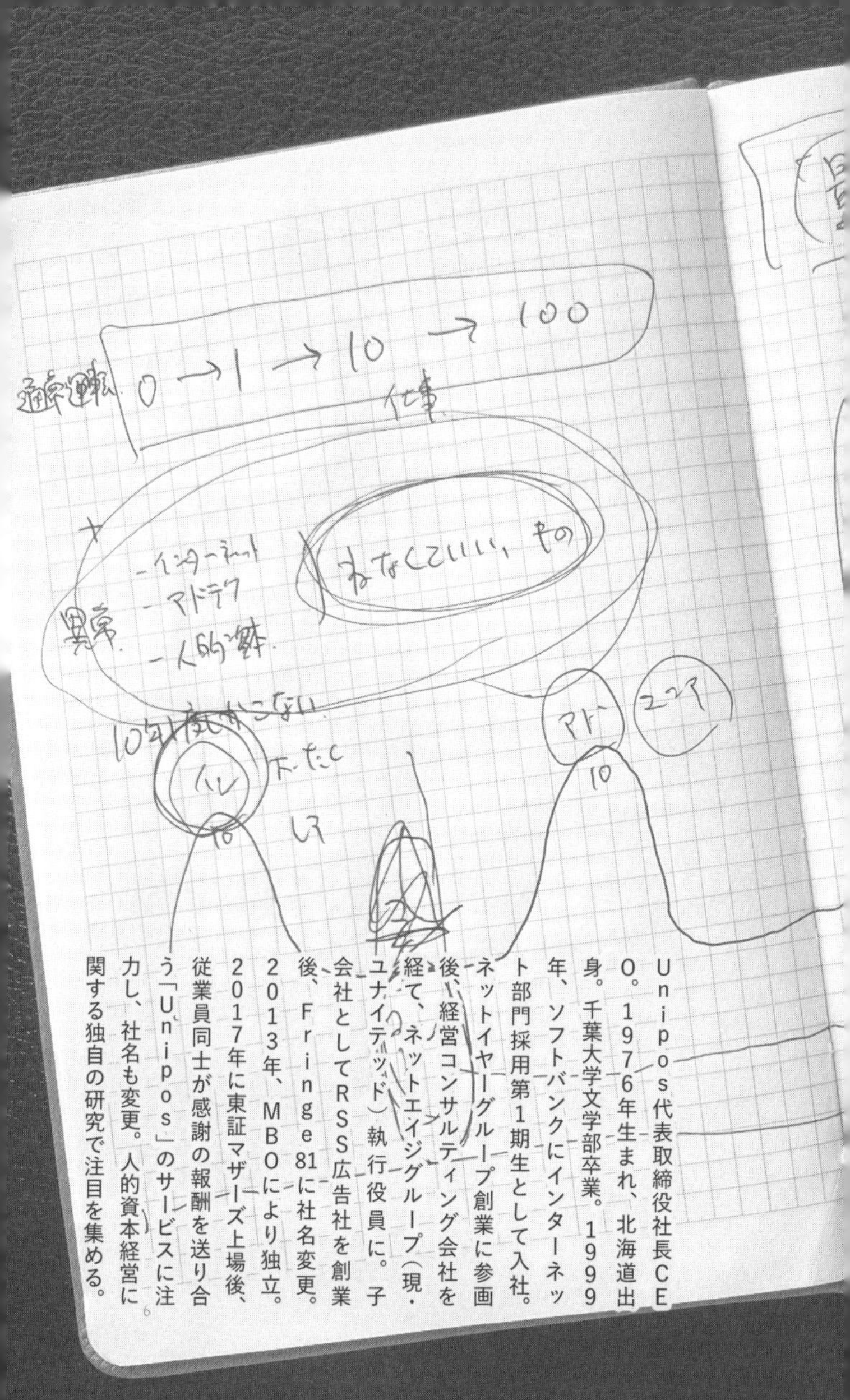

Unipos代表取締役社長CEO。1976年生まれ、北海道出身。千葉大学文学部卒業。1999年、ソフトバンクにインターネット部門採用第1期生として入社。ネットイヤーグループ創業に参画後、経営コンサルティング会社を経て、ネットエイジグループ（現・ユナイテッド）執行役員に。子会社としてRSS広告社を創業後、Fringe81に社名変更。2013年、MBOにより独立。2017年に東証マザーズ上場後、従業員同士が感謝の報酬を送り合う「Unipos」のサービスに注力し、社名も変更。人的資本経営に関する独自の研究で注目を集める。

「これ、ぼくが見つけたんです。面白いでしょう?」」。初対面のときから田中弦さんの話は、そんなワクワクのテンションに満ちていた。最初に会ったのは、私が当時在職していた出版社に、田中さんが来社したときのこと。２０２３年２月に行われたウェビナー『本当に役に立つ』田中弦のマニアック報告会—統合報告書を全部読んでわかった人的資本開示」の内容を、複数の媒体に改めてプレゼンしてくれたのだ。Ｕｎｉｐｏｓ《ユニポス》という上場もしている会社の社長だけれど、パーカーに身を包んだフットワークの軽そうな雰囲気が印象的だった。

田中さんが夢中になっている「人的資本」とは、従業員を「資本」と捉える考え方。多様な人材の採用や育成を含めた「人への投資」を企業価値向上につなげる「人的資本経営」がいま、国の方針として企業に求められている。２０２３年３月決算以降の全上場企業の有価証券報告書に人的資本についての情報開示が義務づけられ、田中さんはいち早く情報開示していた９５７社の統合報告書を「全部読む」という荒業を遂行。「マニアック報告会」として意気揚々と発表した。各社が人的資本の戦略や指標をどう開示しているかを独自評価し、「推し報告書」も選んで公開する。文字どおりマニアックだけれど本質をついていて、知りたいことが詰まっている——以降もたびたび行われた田中さんの報告会は、企業の経営陣や人事・ＩＲ担当者の心をわしづかみにした。

本書の取材先として田中さんを考え始めたのは、あるＰＲ会社代表の女性の「こじらせ男子といえば、弦《ゆづる》さんかも」という言葉がきっかけだった。彼女はUnipos のPRを担当していて、私と彼女の縁もあり田中さんには以前「勉強」というテーマで取材させてもらい、たぐいまれなオタク気質を武器にしている人だと知っていた。上場企業の社長という立場のブランディング上、こじらせ枠に入るのは難色を示されるのでは…と思っていたところ、まさかのOK。取材場所として「弦さんのお気に入りのカフェがあれば」と彼女が秘書さんとやり取りしていたチャットに、「私にはお気に入りのカフェなるおしゃれな存在はありません」と田中さんがカットインしてきたそうだ。ちなみに田中さんは自身を社長とは呼ばせず、社内で「弦さん」と呼ばれている。

取材場所は、表参道のAoビルにある「カフェランドマン」。田中さんの会社に近く、落ち着いて話ができそうと思って選んだものの、平日午後のそのカフェは、赤ちゃん連れの女性たちの息抜きトークの場として賑わっていた。Tシャツ姿で現れた田中さんは、開始3分で「こじらせ男子」を自称してくれたけれど、それは私に対するサービスでもなんでもなく、自負であることが伝わってきた。そして自身のマニアックな研究を通して、企業のカルチャー変革の必要性に気づく人を増やし、「組織ではなく個人が主役になって楽しく働ける時代」が来ることを本気で願っていた。理想に向かって強火で燃焼中の田中さんの自意識は、ゆがんでいるどころかまぶしいくらい健全で、きっかり2時間で終わった取材の後、私は心地よい敗北感を味わっていた。

こじらせてるから、誰もやらないことができた

――昨日までの週末も、上場企業の有価証券報告書を見まくっていたそうですね。

3月末決算の会社が2295社あるんですよ。日本の上場企業は4000社ぐらいなので、その半分以上がこのタイミングでごっそり出てくるんです。この土日にボランティアグループで1615社分を読んで、ぼくはそのうちの667社をとりあえず読みました。

――手分けして読んでいるとおっしゃってましたね。

そうです。とはいえ、ぼくがいっぱい読まないと話にならないんで大半は自分で読んでます。

――上場企業の人的資本についての開示内容を評価するために、有価証券報告書を全部読むっていう取り組みは2年目だと思いますが、やっぱり去年とは傾向が変わってきてますか?

去年は1月ぐらいに新しい法律ができて、6月にはそれに基づいた内容を出せということだったので、企業も何を書いたらいいかよくわかんないという状況だったんですよね。それが、今年は参考にする情報がいっぱいあって、かつ、ぼくみたいな人が「この開示がすごい」とかいろい

ろ発信してるんで、すごく変化してます。皆さんちゃんと書こうっていうふうになってる一方で、まったく変わってない会社もあって…。（ある企業の資料を見せて）これなんかもう、当社はそうしたものを定めていませんって、やる気ありませんと言っているかのようですよね。書き方というよりも、もうちょっと何か書いたほうがいいと思いますよと言いたい。人的資本についての項目を開示するのはもう法律で決まってることだし、別に法律違反とまで強い言葉で言わなくてもいいかもしれないけど、定められたことをちゃんとできる会社かそうじゃないのかというのは従業員も見てるじゃないですか。これだけ人手不足だと言われてるのに、こんなお粗末な書き方はないよねっていう会社は相変わらず結構あります。去年はそういう会社が半分ぐらいあったんですけど、今年は3割ぐらいになるかなと思ってます。

――企業の関心は高まっていると。

そうですね。たぶん去年の今ごろは、なんか変わった奴が局所的に騒いでるぞっていう感じだったと思うんですよね。

――変わった奴っていうのはご自分のこと？

まあ、こじらせ男子ですね。

――あはは、はい。

当時はぼくも、人的資本の開示について全社調べたらこんな結果だったとたくさん発信してたけど、別に社会的なインパクトとか、上級企業経営者や学者さんが興味を持つかどうかはまったくわからずやってたんですよ。しかも仲間もほぼいない状態で。ただ単にこれは世の中で誰もまとめたことのない情報なので、まとめてやろうっていう思いだけでやってました。やっぱりベンチャー経営者なので、世の中にないものをつくりたいという要求は強いですから、それをやってみたんです。ところがいまは、セミナーとか講演とかいろんなところに呼んでいただいたり、コンサルティングのビジネスも立ち上がったり…。いま上場企業10社以上を手伝ってるんですけど、お金をいただいて。

——コンサルまでやってらっしゃるんですね。

そうです。こういう開示をしたほうがいいですよとか、他の会社さんはこういうのをやってますよとか。会社の課題をちゃんと特定するために、社員にアンケートを取ったりインタビューを取ったりして、皆さんが思っているよりも実は現状はこうで、課題ってここですよねと特定して、対策を提案したりしています。そういうふうに何か社会的要請というか、波みたいなものをすごく感じたんで、これはもう今年もやろうっていう勢いですね。

——なるほど。去年はやりながらも不安みたいなものもあった？

確信はあったけど正直、不安はありましたよ。だから去年の段階では、うちの社員は「大丈夫かな、うちの社長」ってたぶん思ったでしょうね。もちろん、本業にも回り回っていい影響がある取り組みなんですけど…。なんか社長が延々と報告書を見る作業を土日もひたすらやってるらしい、休んだほうがいいんじゃないかとか。なんでそんなに情熱を傾けてるのかはわからなかったと思いますし、たぶんぼくをよく知ってる人もわからなかったと思うんですよね。

――なるほど。いま人的資本経営のコンサル的なことは、社内で田中さんだけがやっている?

うちの社員はどちらかというと、コンサルというより企業のカルチャー変革のお手伝いをする能力に長けているので、少し手伝ってもらっている程度です。むしろ報告書を見るボランティアグループがいま40人に達してるんですけど、そのなかにコンサル能力がジャストミートしてる人が何人かいるんです。なので、社員にちょっと手伝ってもらいながらぼくが営業して受注をしたコンサルの仕事を外部の仲間と一緒に大きくしているというのが、ジャストナウの状態ですね。

――そうですか。田中さんのように、本来の会社の事業がありつつ、他の事業のコンサルを始めるという動きは珍しいのかなと思いますけど、どうなんでしょう?

そうでもないですよ。たとえばソフトバンクだと、もともとソフトウエア流通という本業があったけど、孫さんがこれからはインターネットだ、これからはモバイルだ、AIだって言って、どんどん事業を移していってるんで。いままでやってたことを権限移譲していくスタイルはよくあると思います。ベンチャーだとあんまりないですけど。

――確かに、そう言われてみると。

やっぱり会社の年数が経ってくると、当然チャンスとか人脈とかそういったものがいっぱい増えてくるので、上場したときからずっと同じことをやってる変わり映えしない会社って、あんまりないような気がします。

――変化していくのは普通なんじゃないかということですね。

そう思いますね。なのでそんなに特殊なことをやってる感じはしないです。ただ、いまのぼくの人的資本の活動みたいに、こんなに世の中を巻き込んでとか、ウェビナーで1万人も聴きに来てとか、そういう現象にまでなるのは珍しいのかなとは思います。

――なるほど。さっき、こじらせ男子ってご自身のことをおっしゃってましたけど、どんなところがそうだと思いますか。

いまみたいに有価証券報告書の人的資本開示部分を4000社全部見るのとかですね。最初に始めたときは、何をよくわかんないことやってるんだって反応がやっぱり多かったんですよ。でもぼくは、世の中は絶対人手不足になっていくし、会社が人に対してどう考えてるかを示して社会に対して約束していくということはこれからの時代、間違いなく必要になってくると確信していたので。なんでみんな、よくわかんないことやってるよねっていう感じになっちゃうのかなとは思ってたんですけど…。こじらせるって、たぶん何か自分だけにしか確信めいたものはないものに突っ込めるっていうところなんです。こじらせてないと、そんなことやって何の意味があるんですかとかいろいろ言われると、シュンってなっちゃうと思うんですよね。

――そのこじらせ気質というかオタク気質というかは、もう脈々と小さい頃からあったと。

そうですね、以前ご取材いただいたときも、父が植物学者で一緒に化石の発掘をしてたという話をしましたけど。大人になってからはまずインターネット、その後にアドテクノロジー、で、いま人的資本という…なぜか10年に1回ぐらい、誰になんと言われようが絶対これをやるというテーマは見つかって、もうとにかく調べる。かつ、今回よかったのはやっぱり（上場企業の有価証券報告書を）全部見るっていうところだと思ってます。一部を切り取って、よくできている会社の開示内容だけ紹介するのは単なる研究だと思うんですよ。でもぼくは、何か世の中のビッグトレンドというか波みたいなものを正しく捉えるには、全部読むしかないと思ったんですね。

――全部読む。AIとかを使うのではなく？

そういう意味では、今回は前回やったときよりは遥かにラクになってます。いろいろな人が手伝ってくれるようになってるし、テクノロジーとかAIを使って、資料を見ている時間はたぶん5分の1ぐらいにはなってると思うんですよ。

――そうなんですね。

なんですけど、結局、物差しをちゃんとつくって、その物差しに従って全部見て、それをどういう波なのか考察して表現したり、まとめたりとかっていうのは、人間じゃないとできない部分なので、そこは変わってないですね。たぶん一番こじらせが発揮されるのはそこだと思ってます。だって、（プライム、スタンダード、グロースの3市場の）上場企業のうちプライムだけ見ればいいじゃんみたいな意見もあると思うんですけど、そうすると世の中の一部になっちゃうんです。それだけ見て、さもこれがトレンドであるかのように言っても本当かな？って思うところがあって、4000社全部見たら初めてトレンドがちゃんと見えてくるんじゃないかと思ったんですよね。

――なるほど。そんな面倒くさいことを普通はやらないけど、そこをあえてやるっていうところが、自称こじらせてると。

だって全員言いますよ。なんで4000社読んでるんですかって。一部だけ読んだ人はこの世にたぶん数千人ぐらいいると思うんですけど、全部読んだ人、かつ人的資本のところを全部見たっていう人は、たぶんこの世に存在しないはずなので、そこまで達するために絶対やる、と思ってやってましたね。

――絶対自分の目で見ないとわからないことがあるという確信のもとに、ということですね。

その手触り感がないとダメだと思ったんです。時間短縮はＡＩにできると思うんですけど、物差し、どうやって評価するかというのをつくったり、あとは、何かの波があったら、それがすごく高くなったのか、ちょっと速くなったのか、どの方向に行こうとしているのか…とか。そういう未来予測をしたいと思ったら、全部を見ないとちょっと難しいのかなと思いますね。

インターネットを「オタクの遊び」にしたくなかった

――いまはすごく追求できるものを見つけられて、水を得た魚のように見えるんですけど。小さい頃から常に何かに打ち込んでいるタイプだったんですか？

そうですね。まあ父が植物が好きすぎて植物学者になっちゃってるんで。自分の好きなものって何かなというのをずっと考えてきました。パソコンは好きでしたよ、父が植物学者だから研究で使うために、小さい頃から家にあったので。父にファミコン買ってよって言ったら、そこにパソコンあるんだからそれでゲームつくれよ、と言われました。

――ゲームをつくれ…それは何歳ぐらいのとき？

小3のとき、たまたま友達がプログラミングをやってたんで、ぼくもじゃあちょっとやってみようって一緒にゲームをつくってみたりしてたんですよ。でもそれは超打ち込めるものというよりも、面白いなというぐらいの対象でした。高校のときも打ち込めるものはちょっと見つからず、一番ラクそうな（笑）文学部に行くかって、大学では日本文学というあんまり実業には役に立たなそうなものを専攻していて、好きなものって何かなみたいに探しているモラトリアム期間がめっちゃ長かったんです。で、大学のときにインターネットに出会っちゃったんで、これだってダーッて集中したら道が開けましたね。

——大学のときにネットにハマって、パソコンスクールに通ったんですよね。それでウェブサイトもつくれるようになって、いろいろ調べたものを公開していったと。

そうそう。そのとき、なぜかインターネットをユーザーとして楽しむんじゃなくて、ビジネスのほうに興味を持っちゃったんです。世界中には、実はアマゾンのジェフ・ベゾスみたいな人が起業してるネットビジネスが無数にあって、それをまとめた人が誰もいないんだったらやってみよう、みたいな探索心があったんですよね。しかもそれが誰も知らない情報で、世界でぼくしかいじったことがない類のものだってなると、めちゃくちゃ燃えちゃうんです。

——当時はインターネット黎明期だったと思いますけど、検索サイトはありました?

ヤフージャパンがあったぐらいで、あと、いまはなき検索エンジンは一応ありました。でもグーグルはないです。

——検索サイトを使って探していたんですか。

そうですね。あと当時は英語の雑誌、インターネットのベンチャーとかを紹介してるアメリカの雑誌があったんですよ。ぼくがアルバイトしてたネットエイジ(現・ユナイテッド)という会社に、そんな雑誌がゴロゴロあったので、それを読んでこんな会社があるんだって知って、そのURLを打ち込んで…ということをやってましたね。

——英語は結構お得意だった？

いや、得意じゃないんですけど、その領域だけの単語ってあるじゃないですか。それでなんとなくわかったから苦じゃないし、普通の人よりちょっと得意ぐらいで別に話せるわけではないという程度ですかね。

——そうですか。その時代に、だいたい何社ぐらいの情報を集めたんですか？

300〜400社ぐらい集めたと思います。データベースというか、リンク集に毛が生えたみたいな感じですけどね。

——当時（1998年）でそんなにあったとは…調べ上げましたね。

ソフトバンクに内定した頃に勝手にそういうサイトをつくり始めてたんですけど。どこかの集まりがあったときに、当時ネットエイジの取締役だった松山太河さんが来てて、「実はぼくこういうサイトつくってるんです」って言ったら、「変態だね」って（笑）。まあたぶんそうだと思いますとか言ってたら、面白い奴だと思われて「うちでバイトしない？」って言ってくれたんです。

——変態ぶりを見つけてもらったんですね。そのサイトはやっぱり誰かに発見してほしいという思いでつくっていたんですか？

いやー。絶対に誰もまとめたことがない情報だと思ってたから、価値はあると確信してたけど、別に誰かのためにやっていたわけじゃないですね。

——そうなんですね。誰もまとめたことがないものをつくるのが喜び。

そうそう。またそれを社会の当たり前にしていくっていうのも好きなんですよ。たとえばインターネットとかベンチャーって…。当時はベンチャーなんて詐欺師がやるものぐらいのイメージで、インターネットなんて絶対に儲からない単なるオタクの遊びでしょみたいに思われてた。たぶんそのときは数万人しかインターネットユーザーはいないわけですよ。そういう状況なので、こんなにすごいものなのに社会の当たり前になってないって、なんかかわいそうだなみたいに思って、どんどん発信していったんです。もちろんそういうことをやってたのは自分だけじゃなかったですけどね。

——ネットを使ったビジネスを当たり前にしていこうと。

そうです。いまやってる人的資本の話も同じで、企業が人的資本を重視するって、要は個人がちゃんと主役になっていく、キャリアをちゃんと自律的に築けて幸せになっていくっていう話だなと思ったんです。いままでの人事はどちらかというと、入社5年目ぐらいの社員に「きみ、お子さんもいるかもしれないけど、ちょっと我慢して北海道にでも単身赴任してよ」って有無を言わせず行かせるのが普通な世界じゃないですか。人的資本経営ってそれとはかなり違いがあるんです。いまは当たり前じゃないことの取り組みをまとめて、かつ社会の当たり前にしていければ、結構変化が起きるんだなということは、インターネットビジネスをまとめたときにはっきり感じたので、インターネットでやったことを人的資本経営でもう1回やろうって思ったんです。

──なるほど…。ちなみにネットビジネスのリンク集は当時、コアな人たちから参考にされた？

当時はそんなもので喜んでくれる人はたぶん日本に100人もいなかったはずですよ。まあでも、とんでもねえ大学生がいるらしいぞっていうふうなことは言われたりしましたけどね。

和民でバカな話をしてた奴らが上場企業の社長に

──2000年刊行の『ネット起業！あのバカにやらせてみよう』が当時のスタートアップ界隈の動きを記録した伝説の書籍だったということで今年、ダイヤモンド社から復刊されて、本の中に田中さんの名前もありましたけど。田中さんがソフトバンクから引き抜かれて入ったネットイヤーやネットエイジには、いまいろんな企業の社長になってるような人たちが集まっていたんですね。

ネットエイジとネットイヤーは兄弟会社みたいなものだったんです。いま思うと本当にすごい人たちがいたけど、当時は別に全然すごくない、ただのオタクたちがいたっていう話です。

——でも、次々とみんな起業されていますよね。

そうですね。起業して上場してっていうふうになってるわけですけど。当時は全員彼女がいなくて、別にモテたいけどおれたちオタクだし、なんかコード書いたりインターネットビジネスの話とかしてるのが楽しいよねっていう。実務能力がそんなにあったわけでもないですし。バイト時代はもちろん、入ってからも1年目2年目なんて、みんな別に大した能力はないわけですよ。だけどインターネット大好きっていう情熱だけでやってたら、こうなっちゃったという後づけの話です。

——お互いに影響し合って相乗効果で磨かれていったところもあるのかなと。

よく言えばおっしゃるとおりで、悪く言うと「あいつができるんだったら、おれもできるかな」という感じです。誰かがワーッと成功し出すと、悔しいと思って自分もやってやるみたいなところはありましたね。ライバル意識というか、やってることは全然違うので大したライバルじゃないんですけど、たぶん相乗効果みたいなものはありますよね。

——田中さんは、ソフトバンクにいたときに誘われてネットイヤーグループの創業に参画して、経営コンサルティング会社を経て、ネットエイジグループの執行役員になり、モバイル広告事業のRSS広告社を創業…ということですけど、それが最初の起業になりますか？

正確にいえば、RSS広告社はネットエイジの子会社としてつくりました。子会社の社長だし、すぐ辞めてそのうち自分の会社をやるんじゃないかなと、世を忍ぶ仮の姿ぐらいに思ってましたね。

――そもそも自分から言い出した事業ではなかったんですか。

全然そうではなくて、ぼくは新規事業をつくる部署の担当の役員だったんですよ。ぼくの部下が新規事業プランコンテストで出してきた案に、いいじゃんこれ面白いじゃんって言って、役員会でもゴーサインが出たので子会社をつくることになったんです。その発案者に社長やったらいいじゃんって言ったら嫌ですって言われてしまい、じゃあ弦くんやってよと役員会で言われて、まあ1回ぐらい子会社の社長やってもいいかなと思って始めました。

――そうなんですね。その会社が、のちにFringe《フリンジ》81という会社になるんですよね。

そうですね。RSS広告というのはユーザーが見ている記事と関連のある広告を表示できる技術で、非常に注目されましたけど、それ以外のアドテクノロジーも使っていろんなことをしたかったので、そのタイミングで社名変更しました。さらに数年経ってからぼく個人がMBO（経営陣による買収）でその会社を買い取ることになったんです。会社をゼロからつくったわけじゃないけど、そこでオーナー社長になったので、言ってみれば起業ですね。

――その会社でインターネット広告の事業を大きく伸ばすんですよね。

ＭＢＯしたのが２０１３年でしたけど、当時、世界の広告テクノロジーってどうなっているのかなと調べ始めたら、どうもリーマンショックで大量の金融系エンジニアがシリコンバレーに移住しているようだと。そういうなかで、アルゴリズムの1つによってユーザーに合わせた広告配信が一元管理で簡単にできるようなプラットフォームができていくっていうすごいダイナミズムを感じたので、これ調べようと思って。こんな会社もあって、こんな会社もあって…っていうのをやり出しちゃったんですよね。最新のアドテクノロジーを利用すればこんなことができると、いろんな機会で発信し始めたんです。

――**また没頭して、発信していくんですね。**

はい。そしたらあの人は面白い人だと言われるようになり、かつ広告業界のなかでもそこそこ詳しい人だということで、ベンチャーキャピタルから出資の話が来たり、大企業から事業提携しませんかと打診されたり…。そういうのがうまくいって広告テクノロジーの会社、Ｆｒｉｎｇｅ81が完成した感じです。

――**それで２０１７年に東証マザーズに上場されますが、上場は自然な流れだったんですか？**

そうですね。その当時インターネット広告の産業のなかでもたぶんトップクラスに成長していましたし、ちょうどそのときに新規事業が立ち上がってきていたので。かつ当然ながらベンチャーキャピタルから資金調達していましたから、売却するのかＩＰＯ（新規上場）するのかどちらかしか選択肢がない。要は非常に伸びている会社で、かつインターネット広告産業はすごく大きい、となるとこれは上場したほうがいいよねというふうになりました。

――そうですか。かつての自分をネット好きのオタクだったと認識されてましたけど、そこから上場企業の経営者って、だいぶ振り幅が大きいというか…。経営をやっていくうちに自信がついて、自分にもできるだろうなと思えるようになっていったのですか？

なんというか、自信があるからできるようになるというものでもないんです。いまやみんな立派な上場企業社長になってる友人たちも、和民でバカな話してたよな、という感じなんですよ。その人たちも当然ながら自分の能力だけではなくて、超優秀なＣＦＯとか、超優秀なＣＯＯとかエンジニアとかを雇って仲間にして、力を借りてやってるわけですよ。

――なるほど。

だから別に自分の能力というよりも、結局どういうマーケットを…ちゃんと伸びるマーケットを選んで、適切な人と適切なお金を集めて成長させていくかっていう話にすぎないので。自信があったからというよりも、この分野ならちゃんと人を採用できそうだなとか成長率も高そうだなとか、いいマーケットで、いい人で勝負できてるよねと、でもさらに成長したいから上場しようねという話なんです。だから当然めちゃくちゃ勉強もしましたし、うまくいかないなというときにいろんな人に教えてもらったりもしたんですけど…。自信がついたから上場企業社長をやってるというわけではないですね。

——めちゃくちゃ勉強したというのは、どんな勉強を？

勉強というか、なんて言うんですかね…。たとえば機関投資家の人とどうやって話せばいいかなんて勉強しようがないんですよ。本が転がってるわけじゃないので。なのでやり方は2つあって、やった人に聞くのと、実地でやってみていろいろ失敗したりするっていうこと。なんか全然ウケなかったな、とかいう経験も含めて数をこなして、こうやったら喜んでもらえたとか、こう説明したらよくわかりましたと言ってくださったとか。そういうことを積み重ねていただけなので、勉強した感はないんですよね。ただただ一生懸命やったっていうだけなんです。

コロナで大打撃を受けて、特殊な道にたどり着いた

——自信を失ったり、うまくいかなくて悩んだりした時期はあったのでしょうか。

やっぱりコロナで大打撃を受けたときですね。広告事業で上場したのにコロナが来て、一番影響を受けやすい産業だったので売り上げがなくなって、会社が経営危機に陥り、広告事業を畳ん

で…という時期。天変地異みたいなものだと思うんですけど、自分ではコントロール不可能なことで会社の存続の危機を迎えるということになって、いろいろ考えましたよね。自信がなくなったわけではないし、挫折でもないんですけど、どうしようもできなかったことへの思いはありました。自分のせいで下手なことをしてうまくいかないのは自分の責任なんでって言えるんですけど、必ずしもそれだけじゃないよねという状況だったんです。もちろんそこでいかにうまくやるのかが大事なんだと思うので、天変地異のせいだけでうまくいきませんでしたと言う気はないんですけど…。難しいですよね、自分のコントロール不能なところで次々といろいろ問題が起きていくみたいなことがあると。だからそのときは、まあ、つらかったですよね。

――思い出しました。前回もその話を聞いて、気持ちを紛らわせるためにカメラを始めたとか。

そうそうそう。別に挫折でもないし、つらいだけでなんとかする以外ないじゃんっていう話なんで…って言っても大変でしたけどね、もちろん。

――それで、社名変更もしてUnipos の事業（企業の従業員同士で感謝の報酬を送り合えるサービス）に一本化することで、経営危機を乗り越えた…ということでしたよね。

うーん、イエスなんですけど、別にコロナがなかったらたぶん広告とUnipos の事業を両方やっている会社の社長だったと思うんですね。初めからUnipos に一本化したくて、上場した途端に広告事業をやめたい人ではなかったんです。なんでしょうね、この話は…語るのがす

ORIGINALS
LOONSHOTS
LISTEN
LIFE
Two-Per-Day
コンパスローズ
英和辞典
はてしない物語
不機嫌な時代
アンラーン戦略
C3
lube
COMPACT HOT PLATE

ごく難しいです。

——語り尽くせない思いもあると…。でも当時はそうせざるを得ないという判断で舵を切った。

そうですね。ただ、そのＵｎｉｐｏｓの事業をやっていなければ、いまやってるような人的資本経営の研究に取り組んでいたとは思わないので、それはそれで結果的によかったねという答えに、自分自身でしなければということですね。

——ベンチャーの経営者って、儲けることを重視するタイプと、事業の社会的意義を重視するタイプがいるような印象で、田中さんは後者のように見えるんですが、どうでしょう？

いやあ、そういうわけでもないですけどね。結局人間って、好みももちろんありますけど、経験によってしか物事を選択できないじゃないですか。だからぼくはいまみたいな選択をしているだけであって。たまたますごく儲かった経験をしている人は、そういう選択を続けてるから儲けることを重視しているように見えているだけかもしれない。別にぼくだって会社がもっと儲かったらいいのにとは普通に思いますしね。それに儲かっている会社の経営者でも、自分で財団法人とかをつくって個人のほうでは社会的意義の高いことをやっていらっしゃる方も結構いますよ。

——なるほど、確かに。

あんまりパキッと分かれない感じはしますね。経験でしか判断できないから、たぶん儲かった経験がある人は儲かったほうにいくし、ぼくみたいに事業にものすごく打撃を受けた人は、復活するために何か特殊なことができないかなと考える。そのなかで、人的資本経営っていう新たな潮流にたどり着いたという感じです。そして、なぜかぼくは10年に1回、こういうものを当てる運命にあるんですよね。

いまは「超高速わらしべ長者」の感覚

――経営者になるまで、なってからでも、自分はどういうことが得意だと感じていますか？

やっぱりゼロイチ（0から1にする）は得意なんだなと思います。で、1→10はぼちぼち得意、10→100はあんまり得意じゃない。そんな感じがします。

――それは、ゼロイチに一番興味があるからということですかね。

えっとですね（ノートに図を描き始める）、いま言った0→1、1→10、10→100、これはぼくのなかでは通常運転なんですよ。要は新しいことを見つけて1にすること、たとえばどこかの会社に行って業務提携しましょうよみたいに動くことは普通にやりますし、事業を伸ばすためにどうやったらいいのかなという工夫もするんです。この通常運転に加えて異常運転というのがあって、それがいままでにやったインターネット、アドテック、そしていま人的資本にのめり込むというフェーズ。この異常運転の間はもう寝なくていいんです、それぐらい没頭するんですよ。こっちは通常運転なんで普通の仕事で、こっちは寝なくていいもの、なんですよね。

――こっちはもう仕事ではなく、好きというかハマれるもの。

そう。で、これは10年に一度しか来ない。なので10年のうちたぶん1〜2年、この寝なくていいものをやるんですよ。で、8年は通常運転に戻るんです。だからここで、うーーーって高くなって…（グラフで3つの高い山を描く）、これがインターネットでこれがアドテックで、これが人的資本っていう、そんな話なんですよ。たぶんこの高くなってるところは、0→1どころか0→10なんです。もしかしたらこっち（人的資本）は100とかいっちゃうかもしれないですけど。

――いま、人的資本は注目度もかなり高いし、ということですね。

そうそう。同じぐらいテンション高くやってるんだけど、こっち（インターネットやアドテック）ってやっぱりオタクというかマニアの領域だったと思うんですね。でもこっち（人的資本）は社会の要請なので、全然違いがある。明らかにぼくのこと知ってる人、いまのほうが多いですよねって感じがしますし。

――お付き合いする方々がそれまでと全然違いそうですね。

全然違いますね。こっち（インターネット）はレアな人、ここ（アドテック）はマニアの人、こっち（人的資本）は一般の人。

——ですよね。一般で、しかも結構大きい会社の経営層とか。

いままでそんな大企業の経営者とか会ったこともないですみたいな感じだったのに、突然「いろいろ教えてもらってもいいですか」みたいに言われて、自分のなかでは謎の感覚になってますね。だから一気に、寝なくていい異常テンションマックス状態がいま続いてるという感じです。

——大企業の経営層に教えを請われるって、慣れない感じでしょうか。

そういう意味では、ぼくはここ（インターネットとアドテックの間）にコンサルという経験がちょっとあったんです。ぼくの仕事人生のなかでは通常運転の時期でしたけど、企業の経営コンサルをやっていたので。当時はあんまり自分には向いてないと思ってましたけど、その経験値がいまちょうどすぽっとはまって、さらに成果がうおーんって100になろうとしてる。この上がり幅がすごいことになってるっていう感じはします。

——点がつながって線になって…という感じで生きてるわけですね。コンサルの経験が。

はい。コンサルをやっていなかったらたぶん、いまも単なる批評家だと思うんです。コンサルの仕事は、実際に実行したり、後押ししたり、アドバイスしたりすることでも会社に変化をもたらすことができるので、結構面白いなと思ってやってますけどね。本当におっしゃるとおり常にオタク気質で行ってるんですけど。

——でもオタク気質だったことから、人的資本の分野でいま注目されて、社会性をすごく発揮して動いているという感じですよね。そういうご自身をメタで見たとき、どんな感じなのかなと。

なんか超高速わらしべ長者みたいな感じです。

――面白いですね……! 超高速わらしべ長者。

いまこんなふうになってるのも、企業の人的資本開示についてぼくが勝手にやっていた変なことを見つけてくれた人がいたのがきっかけで、なんか「わらしべ長者きたぞ」っていう感覚だったんです。いろんな人がぼくを紹介してくれる、こんな面白い田中さんって人がいるんで会ってみたらとか。講演会をやったら「面白いんで今度うちの会社に来てよ」みたいな話になるとか。人脈なのか、いろんなものをたどってる感がありますね。社会性のある取り組みとはいっても、まだ局所的な社会の一部の話だと思うんですけど…。それに興味を持つ人もやっぱりいて、ちょっと新しもの好きの人たちの興味関心を逆引きでたどってる感覚っていうのは、わらしべ長者感があります。物々交換しまくっていって、なんかすごいものになっていくんだろうなという感じはしてます。

――いろんな人から田中さんを紹介したいと言われるのは、田中さんならではの信用されるポイントがあるような気がしますけど。

いやー、どうなんでしょう。やっぱり圧倒的手触り感だと思っていて。（上場企業の有価証券報告書を）全部見てますと、いいものもあるし悪いものもありますと、御社はいまこのポジションですと、でもこうやったらよくなりますよっていうふうにあんまり遠慮せずに言えるんですよね。普通ならちょっとびびっちゃうじゃないですか。なんですけど、いや、皆さんのやってることはもちろん大事だし、すごいことをなさっていると思いますが、ぼくはぼくでスーパー専門的なところがあって、プロフェッショナルから言えることはこうですっていう話をあんまり遠慮せずに言える。なぜなら全部見てるからっていうファクト、手触り感があるので。一部のいいところ(人的資本の情報や課題をきちんと開示している会社の資料)だけ見てると、いいところのなかの競争でどうだとしか言えないじゃないですか。でもぼくは全部見てるんで、御社はいま上場企業全体のなかではこういう位置づけだけど、こういうふうにできますよ、みたいなことが言えますよね。

——なるほど、全部見てるから…。

そんな人は宇宙でぼくしかいないんで、そうすると、おもろいやんみたいな話になることがあるんです。だから批評家ではなく、対象にすごくコミットしながらどんどん進化していってる。なんなら今年はS&P500とか海外企業の有価証券報告書も全部見ちゃいましたっていう報告までしてるから、この人どこまで変態なんだろうみたいに思われてるかもしれない(笑)。でも昔取った杵柄で勝負してるわけじゃなくて、この分野の知見を永久に改善しようとしているし。さらにコンサルをすることで、こうやっても会社は動かないんだ、こうやったら動くんだとか、こうやったらうまくいったとか、そういうノウハウも自分のなかにたまるので、もっと強くなってるという感覚はありますかね。

――ノウハウがさらに進化している感覚があるんですね。

ぼく自身がめちゃくちゃこの1年で進化してるので。まあ進化というか変化も。自社を変化させたいという会社があったとき、常に変化している人に教えてほしいのか、昔取った杵柄でいままでと同じことをすればいいと言ってる人に教えてほしいのか、ですよね。こうすればコストが20%ぐらい減りますみたいな業務改善コンサルではないので。これから会社や未来を変化させるには、たぶんこの1年でもめちゃくちゃ変化してる人と一緒にやったほうが、どうなるかよくわかんないけどいいかもと思ってくれるのかなという印象ですね、ぼくに声をかけてくれる人は。

――確かに…。コンサルをされている会社では、その成果は出ていたりするんですか?

出てますね。たとえば、ある大手製薬会社のコンサルをやったんですけど、もともとすごく人に対して熱い会社なんですよ。有価証券報告書で開示していた人的資本についての文章量も多かったですし。ただ、ぼくは全然課題がわからないと申し上げたんです。やっぱり、会社っていいことばかりアピールしちゃうんですよね。若者がめちゃくちゃ活躍できて、女性も活躍できて、賃上げもしていますと。でもそういう内容だと、本当?ってなるじゃないですか。いや本当なんですよ。でもいいところばっかり見せられると…。この言い方は適切かわからないですけど、たとえば独身の女性にイケてる男性を紹介するよというときに、彼はイケメンで外資系金融に勤めてて、心根も優しくて、浮気も一切しなくて、すべていいところばっかりだよって言われると…。

――本当？って思いますね。

ですよねって話です。でも4000社の上場企業のほとんどが、人的資本に関して、私は最高だって言ってるか、何も言わないかのどっちかなんです。本当？ってなるじゃないですか。一方でたとえば、彼はイケメンなんだけどちょっと自分に集中しちゃうと周りが見えなくなるところがあって、そこの欠点も含めてすげえいい奴だと思うよって言われると、本当？とは思わないですよね。そういう人なんだっていう事実があって、それを乗り越えてでも付き合うのか、それが気になるんだったら付き合わないのかっていう判断ができると思うんです。

――いいたとえですね。

先ほどの製薬会社でも、ちゃんと斬り込んでいくと課題がいくつかあったんです。人事戦略についいて社員の40％からは理解を得られていないとか、イノベーションをもっと起こさないといけないけどまだ足りないとか。うちの会社はパーフェクトですって言うんじゃなくて、課題を明確にしてそこに投資してちゃんとクリアすればもっとよくなりますよねっていうコミュニケーションに変えましょうと提案しました。でも課題は実は伸びしろなんですよね。さっきの男性のたとえ話でいうと、彼は周りが見えなくなりがちなんだけど、一生懸命コーチングとかしてそういうところを直そうとしてるんだよって言うと、なるほどいいじゃんいいじゃん、ちょっと未熟だけどいいじゃん、みたいになるじゃないですか。そういうふうに、「うちは最強です」っていう自慢一辺倒のコミュニケーションをやめましょうっていう取り組みを、その会社ではやりました。

――なるほど。そうすると、社内の何かが変わっていくものですか。

明らかに変わっていってます。そういうコミュニケーションって、社員の人も感じるわけですよ。うちの会社は最高最高って言ってるんだけど、そんなに悪いところがない会社なんてこの世にあり得ないって思うわけですよね。社長が最高って言いすぎると何が起こるかというと、社員ががっかりしちゃうんです。たとえば社内でパワハラセクハラが結構あっても、うちはダイバーシティ&インクルージョン最高って会社は言っちゃうわけですよ。そしたら社員は「いやあ…」って思うじゃないですか。コミュニケーションの先には、株主だけじゃなくて社員とか休職者の人たちもいらっしゃるので、その人たちのことを考えると、「その最強コミュニケーションは最低コミュニケーションに近い」と気づくんです。この課題があって、これにちゃんと取り組んで改善したねと社員に言えるようにしようっていうふうに会社が動くようになるので、人事施策も全然変わるし、社内のコミュニケーションも変わるんですよね。

でこぼこなチームが優勝する話が好き

——世界中の企業も含めて、意識している経営者はいますか？

意識してる経営者。まあでもたぶん一生、孫正義だと思うんですよ。

——ソフトバンクに入社した頃、孫さんが深夜に社内をうろうろしてたとおっしゃってましたね。

そうそう、最初に見た親ですから。もちろん憧れはありますけど、絶対ああはなれないだろうなと思ってます。ただやっぱりインターネットなるものを社会に実装したというプロセスは本当にすごいなと思う。自分は孫さんぽいことをやってるかというと全然違うことをやってると思うので、まねはできないし、やろうとも思わないです。でもいつも気になってますけどね。

——気にはなってるんですね。

はい。せっかくこういうふうに人的資本経営のすごい波が来てるので、それをちゃんと社会に実装して、社会が変わるようになるといいな、孫さんのやってることの1%ぐらいのことはできればいいなっていうふうに思ってますけどね。

——田中さんが考える、社会が変わるっていう風景はどんなイメージですか？

それはもう、ぼくの会社のパーパスに表れてますね。『「最高の集団を自らつくる」時代をつくる』っていうのがうちのパーパスなので、これにただ従ってるだけです。いま、これだけ人的資本経営というものが注目されていて、個人のスキルを磨いてもらって、個人が自分のやりたい仕事とかやりたい挑戦ができるというふうになりつつあるんですよね。いままでは最高の集団って人事部とか経営者がデザインしてたと思うんですけど、これからは社員の人たちもデザインできるようになると思うんです。「最高の集団を自らつくる」につながるのが、（感謝を送り合うことで社員の自発的な行動を促す）うちのＵｎｉｐｏｓっていうサービスなんですよね。「時代をつくる」というのは、人的資本経営が世の中の当たり前になるように実装していくという話なので、コンサルのほうがそれに該当しています。だから人的資本経営のコンサルも、Ｕｎｉｐｏｓの事業も、すべての自分の活動はパーパスに従ってるだけ。これに向かっていくだけなので、ラクですよ。

――個人ひとりひとりが自発的に動ける集団ということですね。

そうです。そうすると会社が何倍もよくなる。よく言うのは、心理的安全性がない組織だと、現場で問題があってもその場の人間が「言い出せませんでした」みたいになって不祥事が起きるということ。そういうケースの報告書とかを見て思うんですけど、やっぱり誰が集団をデザインしてるかというと会社がしてるんですよ。そこを個人がデザインできるようになれば、「うちの会社、もっと言い出せてもいいじゃん。おかしいことはおかしいって言えるようになろうよ」となってくると思う。いま、人的資本経営で4000社の上場企業が一斉に、人に関していろんな社会的な約束をしていくという時代にやっとなろうとしているので、そうなったときに、本当にいい時代だよねというふうになる。それをちょっと後押しできれば最高っていう感じですかね。

——なるほど。組織の人事的な話だと、個人の能力の差があるなかで、どうやってそれぞれのモチベーションを上げるかという課題があると思いますけど、それって解消できるものですかね？

ぼく、パーパスのなかで集団って言ってるとおり、チームというのはすごく重要だと思ってます。チームって、サッカーで言ってもバスケで言っても全部、能力はでこぼこじゃないですか。キーパーの人が突然フォワードになって得点王に…とはならないですよね。もちろんキーパーとして「あなたはこうですよ」という個人評価もあるけど、チームとの組み合わせ上、「あなたはかけがえのない人ですよね」っていうふうになることは、また別の話じゃないですか。

——確かに。

だからぼくは、個人評価と、集団においての評価は全然違うんじゃないかと思ったりしますけどね。「あのサッカーチームはキーパーはいまいちだけど、全体で見ると負けてねえよな」みたいなこともよくある話ですし。

——全体で勝てるというか強くなれれば、でこぼこがあっていいと。

心理的安全性
を高めるリーダーの
声かけ
ベスト
100
田中弦
心理的安全性
を高める
リーダーの
声かけ
ベスト
100
売上高132%増
離職率27%減
現場力アップ
ミス・トラブル激減
ひと言で組織が
生まれ変わる!
田中弦
大丈夫?
つまずいているのは
どのあたり?
大変そうだね
頑張っているね
お疲れさま
今日は
どうでしたか?
もう職場で悩まない
あらゆるシーンで使える声かけを一挙網羅!

そうそう。そういう考え方が前提の会社だったら、ここで働いててもいいかなというふうになると思うんです。全員が個別評価しかされてなくて、会社のなかの序列とか順位だけで評価されてると、「もうおれは趣味とか子どもとの時間のほうが楽しいし、会社のことはそこそこやっときゃいいじゃん」ってなっちゃいますよね。だから集団の意味がないんですよ。個人でしか仕事しない、なんなら上司に評価されるためだけにしか仕事しなくなっちゃうので。

――そうですね…。人的資本経営の波というか関心が高まってるのは、改めてなぜだと思いますか?

まずは人が減っていってるという背景は絶対ありますよね。少子高齢化で、いま20歳の人口より0歳児の人口はたぶん3割ぐらい少ないので。これからますます人が減っていくとなると、人ひとり当たりの価値が上がるじゃないですか。もう1つは、より不安定な社会になってくるということもあると思うんですよ。

――不安定というと。

いままでだと人口が増えていたから、ものをつくれば売れるということで経済はまあまあ安定していたと思うんです。ところが人口が減っていくと、ものをつくっても売れませんという状況になってきたり、グローバルで戦うという話になってくると、外国から突然、黒船のように誰かがやってくるというのも当たり前にある話ですよね。インターネット産業はそれをGAFAにもろに食らってしまった。あとは、バブル以降の失われた30年みたいな状況を経て、結局働く環境として何が変わったかというと、正社員の数は変わらなくて、派遣社員の人たちがごそっと増えた。でも派遣社員の人たちは簡単に解雇できるじゃないですか。そういう状況もあって、バブル前のカルチャーとかやり方というのがそのまま残されちゃったんですよね。

——そういうことですね。

言ってみれば正社員は安全なところでぬくぬくみたいな状態があったんですけど、人が減っていくとなると、もうそれも終わって派遣社員ばかり雇ってればOKという話ではなくなってきたと思うんです。そうするとやっぱり、人ひとりの価値がもっと上がっていくということはあるのかなという感じはしています。やっぱり人が減っていくなかでどうするかというのが一番関心があるところかなあ。だから、より集団のパワーが必要だというふうに思ってますね。

——なるほど、それで集団なんですね。

そうです。だからぼく『GIANT KILLING』とか『アオアシ』とか、ああいうサッカーの監督とかコーチとかの話はめちゃくちゃ好きなんですよ。だいたいサッカー漫画って、弱小のダメダメチームがひとりひとりの才能を生かして、おれたちでこぼこだけどチームだよな、みたいな感じになる話ですよね。優秀な監督が、こうやればいいんだよとか、おまえはフォワードだけど実はディフェンダーやったほうがいいんじゃねえかみたいにかき回して全国優勝しますみたいな。あいうのって、すごい好きなんですよね。

――ああー、目指している世界がわかるような気がしてきました。田中さんは社員の方とか身近な人に対しても、その人が力を発揮している様子を見るのが好きという感じですか？

そう。だからＵｎｉｐｏｓっていう感謝を送り合うサービスを提供してるんですよ。社員がみんな何やってるのか知りたいし。最近ぼくが送ったのは…久しぶりにＵｎｉｐｏｓのサービスをがっつり営業で提案したことがあったんです。担当がＭくんっていう社員で、彼の言ってることがすごくお客さんにハマったし、ぼくが言ってることもハマって、もしかしたらうまくいくかも、となった。そういうのが楽しかったんで、Ｍくんに送りました（スマホで画面を見せる）。

――「イベントも提案しちゃおう頑張ろう」って書いてありますね。

Ｍくんは元イベント会社の社員なので、イベントとかも提案できちゃうかもしれないし、なんか面白いねって。そういう気持ちになると、ちょいちょい送ってますね。

突出キャラでいたいから

――仕事一筋みたいな印象ですけど、結婚されていてお子さんもいらっしゃいますよね。

はい。Ｆｒｉｎｇｅ81が上場する半年前の２０１６年末に結婚してます。40歳のときですかね。妻は13年ぐらい付き合って、2年ぐらい友達で、ベンチャー界隈で共通の知り合いが多かったっていうだけで本人はそういう仕事してたわけじゃないんですけど。いま、娘が小1です。

――結婚してお子さんができたことで、マインド的に変化はありました?

いや、あんまり変わってないですね。もちろん守るものができたとか、この子のためにがんばろうとか、そういう一般的なものはありますけど。みんなよくマインドが超変わったみたいな話するじゃないですか。ぼくは相変わらず土日のどちらかは仕事してるし、平日は帰るのが夜遅くなっちゃうんで、妻も娘も寝ちゃってたりするし。週末どっちかは必ず一緒に過ごしますけど。

――そんなには変わらない。

そうですね。そういう意味では、ありがたいなという状況です。彼女が専業主婦だということもあるんですけど、言ってみれば、いまは彼女の仕事は子育て中心で、ぼくは会社の経営をやってるというだけで、ゴミ捨てたりお風呂洗ったり、そういう家事はやってますけど…。マインドが変わったとすれば、子育てはもうちょっとやりたいなと思い始めたくらいですかね。

――そうなんですね。

世の中に対してワーワーやってるのが合ってるんじゃないのっていうのはよく言われるんですけどね、妻から。ワーワー言って応援したりとか、これがこうだーみたいに言ってるのが合ってるんじゃないのとは言われてます。

――理解されてるんですね。基本的に前向きな感じですけど、憂鬱になることってありますか？

いっぱいありますよ。たとえば会社で…なんだろう、社員と揉めることも当然あるわけですよ。あとは娘から、なんかちょっと遊びたくないとか言われることもあるわけじゃないですか。

――あはは、そうですか。

だから常に落ち込んだり嬉しくなったり、いろいろ浮き沈みはあるかなと思ってますけど。

――そういうときのモヤモヤの解消法みたいなのは…（以前話していた）自転車ですか？

自転車かヤケ食い。だから太っちゃってるんですよ、はははは。あとは、突出系のお店に行って飯を食ってます。

――突出系？

何かに突出してる店。こないだまで結構行ってたのは、亀有にある「亀有メンチ」っていうメンチカツ専門店ですね。イートインができてお酒も飲めるんです。メンチカツだけで10種類以上あって、定食とか丼も全部メンチカツで…とかって、ちょっと突出してるじゃないですか、特定の分野で（スマホの写真を見せる）。

――確かに。すごく美味しそうですね。

あと最近は小岩の「素揚げや」さんに行ってます。鶏の素揚げが名物なんですけど、めちゃくちゃうまいんですよ。このお店、凍結レモンサワー発祥の地でもあって、レモンを凍らせて氷の代わりにして、中のサワーだけ変えていくっていうスタイルを最初にやったお店がここなんです。なので素揚げも突出してるし、凍結レモンサワーでも突出してるんで、めっちゃ面白いと思って。そういう突出系の変わったお店に行くのが好きですね。

――なるほど。突出系のお店にあえて行こうと思うのは…。

自分が突出してるタイプなので。

――ああ、だから他の突出してる人がやってることが気になる。

そうそうそう。それを味わうのもいいなみたいな感じです。友達と行くときもあるし、ひとりで行くときもあるし、結構バラバラですけどね。

――そうですか。ちなみに、ツイッター（X）では人的資本のことばかり発信されていて、それ以外の趣味のこととかは発信してないですよね。

なんにも発信しないですね。それは自分の突出系じゃないんで。

――自分が突出してないことはつぶやかない？

ですね。突出してるものが好きだし、それを楽しむのも好きだし。だからシルク・ドゥ・ソレイユとかめちゃくちゃ好きなんですよ。ラスベガスの公演まで観に行きました。もう自分の想像力の範囲外ですごすぎる、あんなサーカスないじゃないですか。他にもカメラを含めていろんな趣味も持ってますけど。自分が外に発信するものは突出していたいし、その突出を他の人にも楽しんでほしいから、それ以外の情報は無駄なものだと思ってるんですよね。

――なるほど、中途半端なことは出さない。

出さない。突出してないから。だってカメラやってる人なんて死ぬほどいるわけじゃないですか。ぼくよりハマってる人なんて死ぬほどいるから、なんにも突出してないものをなんで話さなきゃいけないのかと思う。

――ああ…ちょっとかっこいいですね。

かっこいいのかな? 単にこだわってるだけかもしれない。

――いやいや、そのスタンスでいれば炎上することってあんまりなさそうな。

あんまりないですね。でも、「この会社の人的資本開示がすごい」とか書いたりしてると、たまに褒めすぎだとか言われることはあります。基本は褒めるスタンスなんで、あんまり批判しないんですよ。するとなんか田中さんは褒めることしかしないみたいに言われちゃうんですけど、それは突出を自分なりに楽しんでるだけなんです。あと、どこかを批判しても、もっとダメな会社は実はいっぱいあるって知ってるから。全部見てるんで。

――だからそう簡単に批判もできないということですね。

全然できてない会社もいっぱいあるから。でも名指しで批判すると気分悪いじゃないですか、きっと。「○○って会社は従業員1000人ぐらいのプライム上場企業なのに、2行しか書いてない、こいつらダメだ」とか言っても、いい気分しないですよね。それよりもっと世の中変えていこうっていうふうに突出したほうが、発信する内容としてはいいかなって思う。

――その前向きなスタンスがあるから、人にも好かれて信用されるのかなと思います。

でもキャラ設計ですね、完全に。

――キャラ設計？

コンサル中は全然かっこつけてますよ。これじゃダメですよって普通に言うし、別に褒めてばっかりじゃないんで。あれは単なる突出キャラなんですよ、ぼくのツイッター（X）で出てるやつは。

――突出キャラで出てる。

そう、亀有メンチなんすよ。亀有メンチではメンチカツしか食えないんですよ。でも超特徴があるじゃないですか、メンチカツ界ではすごいっていう、そういうイメージ。

――そうですか。

うん、亀有メンチ。

最近は達観してきたというか、
批判でもなんでもご自由に、
こちらは自分を笑いながらやってます、
という感じかな。

下平尾 直

Shimohirao Naoshi

共和国代表。1968年大阪府生まれ。関西大学法学部を卒業後、広告デザイン会社のコピーライターなどを経て、京都大学大学院人間・環境学研究科へ入学。修士課程修了後、博士後期課程退学。大阪の編集プロダクションに勤めた後、上京して水声社に入社し、編集者として6年半勤める。2014年4月、ひとり出版社として株式会社共和国を創業。10年間で約90点の書籍を刊行する。2021年、出版梓会の第18回新聞社学芸文化賞を共和国が受賞。駒澤大学ジャーナリズム・政策研究所で「学生・社会人のための出版と編集」講座の講師も務める。

「共和国という誰も知らない零細出版社の下平尾と申します」。そう言って初対面の誰かと挨拶している様子を何度も見た。ひとり出版社・共和国代表の下平尾直さんは、本書のインタビュー先のなかで唯一、私がある程度の関係性を築いていた人だ。小出版社の書籍流通をサポートするトランスビューを利用している〝仲間〟のような形で、書店向けDMの封入作業会などで会うようになった。下平尾さんは主に酒席でのハイテンションかつ饒舌なキャラクターにより親しまれていて、私のような新参者にも会うたび距離を縮めてくれた。

私は経済寄りの出版社に長年勤めていたこともあり、共和国が出す国内外の歴史や社会問題を扱ったノンフィクションや文学などへの知見が乏しく、本のラインナップに少しハードルの高さを感じていた。けれど、あるブックフェアに一緒に出店しているとき、共和国のブースで売っていた『いやな感じ』(高見順著)という本について、下平尾さんが「学生時代に読んで夢中になり、血沸き肉躍る感覚を覚えた」ことから復刊したという話を聞き、これは読んでみたいと購入させてもらった。関東大震災後から日中戦争の頃に日本で暗躍したアナキストと呼ばれる人たちを主人公にした小説で、彼らが目指す革命についてはあまりよく理解できなかったけれど、物語の舞台である当時の日本の夜の街の猥雑な雰囲気や聞いたこともないスラングなど、カルチャーの濃厚な描き方がとても刺激的だった。綺麗ごとではないリアルなものに惹かれるという点で、下平尾さんと勝手に何かの感覚を共有しているような気分になった。

本書のインタビュー先として、ひとり出版社の経営者は夏葉社の島田さんがすでに決まっていたけれど、まったく異なるタイプとして下平尾さんもぜひ取材したいと思った。長文の企画書を添えた長文のメールを作成し、「こじらせ扱いなんかをして絶縁されたらどうしよう」と不安を覚えながらも送信すると、3時間後に長文で快諾のお返事をいただき、心からほっとした。

下平尾さんの自宅兼仕事場近くで取材をお願いしたいと伝えると、東久留米駅近くの「珈琲の店もっく」を予約してくれた。お店の前は教会の敷地のようで、緑がうっそうとしており、のんびりした雰囲気。取材を快諾してくれたお礼を言うと、「女性ひとりで誰にも頼らずがんばってる人が好きなんですよ。藤川さんとか、かたばみ書房の小尾さんとか」と言ってくれ、共和国から出した社会運動家の郡山吉江や画家・文筆家の長谷川春子の本を「よかったら」とくださった。そのお店で3時間かけて話を聞いた後、近所の居酒屋でさらに3時間。アフタートークは「ここだけの話」が多かったけれど、下平尾さんのサービス精神を濃密に味わえた時間だった。

自身が手掛けた本への自負と愛着、圧倒的な仕事量と熱量。「暇で暇でしょうがない」という口癖を、いつも「そんなわけないでしょう」とかわすけれど、自分を小さく見せようとすることは本当に小さい人にはできないから、やっぱり下平尾さんは大きい人だよなあと思うのだ。

偏屈にこじれまくって

――いまの下平尾さんが形成された経緯を改めてお聞きできればと…生まれは大阪ですか？

生まれたのは大阪の高石市というところで、そのあと、だんじり祭りで有名な岸和田市のはずれにある春木という町の公団住宅に15年ぐらいいました。典型的な核家族ですね。

――そうですか。小さい頃はどんな少年でした？

いまとあんまり変わりませんねえ…。思い出しましたが、小学1年の初めての給食のとき、それがあまりにも不味《まず》そうなんで、そのまま教室から脱走して自宅に逃げ帰ったことがありました。閉まってる校門もがんばって乗り越えて。で、うちで昼飯を食べて、親にまた教室まで連れていかれて（笑）。こじらせの原体験ですね。そのくらい偏食でひ弱で内向的でした。あとは本読んでた感じですかねえ。

――本を読むのはどなたかの影響があって？

たまたまうちに中央公論社から出た、赤い箱に入った世界文学全集と青い箱に入った日本文学全集があって、そういうのをチラチラ読んだり、よくある星新一とか司馬遼太郎とか読んだりしてたんですけど…。漫画だと『週刊少年チャンピオン』で、「ブラック・ジャック」「マカロニほうれん荘」「ドカベン」とか黄金時代でした。「青い空を、白い雲がかけてった」という長いタイトルの抒情的な作品とかよかったですねー。あと、これはよく話すんですが、たまたま読んだ学年誌、『小学四年生』だったかな、歌手の太川陽介さんの好きな本が『人間失格』と書いてあって。人間失格ってすげえタイトルだなと。たまたまお袋と本屋に行ったときに見つけて、これ読んでみたいって言ったらお袋が「こんな本、この子に読ませていいのかしら」とか書店員さんに聞くわけですよ。

――心配されてしまったんですね。

そのときは読めなくて、そのあとでバスの巡回図書館で太宰の『ヴィヨンの妻』の文庫を見つけたんです。同じ作者だからと思って読んだら、戦後文学のすごい退廃的な感じとむらむらくる扇情的な感じと、ああいうのがもう小学生にはぐっときたわけ。感性に訴えるというか、これが小説かと。よくわかんないけど太宰治を全部読んでみようと思って、わーっと読んで。そこから芥川、鴎外、漱石、太宰の交友関係の井伏鱒二とか織田作之助、坂口安吾、山岸外史…とか、当時はまだ文庫1冊が150円とか320円というのもたくさんあったので、近所の本屋に並んでるのを安いものから順番に買っていった。新潮文庫、岩波文庫、河出、いまはないけど旺文社文庫とか現代教養文庫もよかった。つげ義春とか小山清とか木山捷平とかは旺文社文庫で初めて読んで。で、太宰治を読んでると、「女の決闘」という短編とかでとても優れた海外の短編も紹介してて、クライスト、ホフマン、チェーホフ、フィリップ、メリメ、モーパッサン、スタンダールとか、そういうのは自宅にあった文学全集で読んだのかな。あとでもっと影響を受けるドストエフスキーは、その頃は長いし固有名詞も面倒だしで読めなかったです。でも、どの小説もほんとにキラキラしてて、意味なんかわかんなくてもとにかく読んでわかった気になってた(笑)。高校生になってようやくアルバイトでお金が稼げるようになったら、今度は古本屋さんに出入りするようになって、いまに至るみたいな。あと、中学時代はアバとビートルズ、高校入学後はレッド・ツェッペリンとか洋楽全般にどっぷりでした。ライブなんかも友人と出かけていって、ぐだぐだながらバンドみたいなのもやって。もうほんと、いまとやってることが変わってなくて恥ずかしいです。

——すごい情報量です…。本ばかり読んで、どういう自意識を持っていた感じですか？

本と関係するかわかりませんが、人と同じことするのはなんとなくいやだっていう気持ちは当時からずっとありますね。高校生のときに生意気にもよく思ってましたけど、最寄り駅から高校まで、毎朝同じ時間にみんな同じ通学路を一直線にずーっと歩いていくわけですよ。そういうのがいやでいやでたまんなくて。なんでみんな同じことすんだろうかって。中学のときだったかな、塾の先生だった若い大学生が、「きみたち群れて歩くもんじゃないよ。女の子と2人で歩くときはいいけど、男が4人とか5人でぞろぞろ歩くなんてだっせーぞ」とか言うので、いやーそういうもんなんだ、なんかかっこいーとか思って。文字どおりのザ・中2病ですね。

――あははは。

単純なんですぐ感化されちゃう。それでなんとなく群れてるやつらはみんなだっせーとか思い始めて。この頃から偏屈をどんどんこじらせていく（笑）。

――そうでしたか。で、大学は…。

大阪に関西大学っていう私立大学があって、そこの法学部です。うちは裕福じゃなかったから、私立大学は無理って言われてたのに、そこしか通んなかったっていう。受験勉強もしなかったですしね。で、その大学に7年いました。

――7年かかったのは、何か別のことをやってたからですか？

アルバイトばっかりですね。大学が坂の上にあって、途中まで行くともう全然教室まで行く気がなくなっちゃう（笑）。マンモス大学だったんでとにかく人が多くて、いまもそうですけどあんまり人が多いところに行きたくないんですよ。渋谷とか全然ダメで。引きこもりニート体質なんですよね。

――でも、実際に引きこもってたという感じでもないですよね。

学部時代の最初の4年間は、高校時代の先輩のつてで、朝日新聞大阪本社の編集局で、いわゆるボーヤ、雑用みたいなアルバイトしてました。たまに原稿書いたり校正したりもあって、そこであれこれ見聞きできたのは大きかったです。当時は活版印刷からCTS（電算写植）への移行期で、そういう一度きりしかない現場も体験できたし、朝日新聞自体もあれこれあった時期で。ちょうどぼくがバイトで入る直前に阪神支局事件やサンゴ落書き事件なんかがあったし、入ってからも天皇の代替わり、ソ連や社会主義国の崩壊と続いて、文字どおり激動の時代でした。バイトとはいえ、その時期をマスコミの真ん中で過ごせたのは面白かったです。夕方4時から10時まで働くんですけど、週2回ぐらい夜勤があって朝2時3時まで働いて。バブル時代だったんで給料もよかったし、居心地よかったんで、なんとなくそこに居ついちゃった。

――それはやっぱり書いたりすることや、メディアに興味があったということですか？

そういうわけでもなかったですね。当時のバイトの友人で新聞社に入社した人なんていないんじゃないかな（笑）。みんな給料とか待遇が目当てでしたね。いま思うと就職のこととかなんにも考えてなかったです。大学に入ってからはローザ・ルクセンブルグとかルースターズとかRCサクセションとか、なぜか頭文字Rのバンドばっかりよく聴いてて、友人たちとコピーバンドみたいなことをして、そのままずるずると大学7年まで行って、そのあと大学院にも7年か、博士課程まで行っちゃったし、将来のこととかなーんにも考えてなくてやばかった（笑）。

――博士まで行かれたんですね。

朝日でバイトしてた時代は下宿してましたけど、そのあとはお金もなくなって、週に何回か映画会社の東宝の宣伝企画室というところでバイトしながら、実家に寄食してました。世間体とかも気になりましたねえ。田舎なんで昼間っからぷらぷらできないとか。なので近隣の図書館に籠って関心のある本ばかり読んでました。

――そうなんですね。ちなみにお父様は。

普通のサラリーマンでしたが、1993年、ぼくが大学7年のときに亡くなったので、親不幸中の親不孝です。いま偉そうに出版社なんてやってますが、この時点でもう褒められた人間じゃないですよね。絵に描いたようなドラ息子が何をここで偉そうにしゃべってんだっていう。

――複雑な思いがあるんですね。

「底辺から」世の中が見えてきた

――共和国で復刊された高見順の『いやな感じ』は、学生時代に読んでしびれたと話してましたけど、そういった社会運動系のテーマに興味を持ったのはいつ頃からですか?

太宰治が元左翼でそこから転向したとかいうのは知識としてあったわけですけど、世の中にそういう社会運動があるなんてあんまり知らなかったし、自分に関係あるとも思ってなかった。でも大学2年だったかな、たまたま京都大学の池田浩士さんの本を読んで、大阪で水田ふうさんや向井孝さんというアナキストたちが関わっていた死刑廃止運動の集まりに行ってみたんですよ。そこで池田さんにも直接お目にかかる機会があって。彼が非常勤で関西大学でも教えておられたので、モグリで授業を聴きにいったりもしました。あと、池田さんに誘われて行ったのが、日雇い労働者問題を研究する学会で。

――先生との出会いがきっかけだったんですね。

そうですね。それが1989年頃かな？　自分史的には転機でしたね。その頃に読んだ武田麟太郎という作家の小説に「釜ヶ崎」という短編があります。高校時代に電車通学してた途中にその旧釜ヶ崎の町があったんで、わざわざその近くの駅で降りて歩いて通ったりしてたんですが、そんときは単なる興味本位だし、小便臭い駅だなあとか思うぐらいだったんですが、自分なりに勉強し始めると、ああなるほど、こういう人たちの肉体労働でビルが建ってるんだとか、段ボールや空き缶を集めて必死に生きてるんだって、世の中を見る目が変わっちゃった。社会を見る視線がすごく低くなりましたね。1990年の大規模な労働者の暴動もわりと近いところで見れたし、「労働ゼミ」と称してドヤ街で1週間弱暮らしたこともありましたし。雨ばかりで土方に行けたのは2日だけでしたが、そういう体験も内向的な自分が少しずつ変わる契機でした。そうやってあれこれやってると、たとえば死刑制度の問題のほかにも、在日朝鮮人に向き合う日本人の歴史的な問題、天皇制の問題、そういったことが全部つながってきた。そういえば文学のなかにもプロレタリア文学ってあったなとか、ばあーっとつながってきて、武田麟太郎にせよ織田作之助にせよ、本の読み方も変わってくるわけですよ。無頼派だとかそういうレッテルはどうでもよくなって、作品を通じて自分の社会に対する関わり方が問われていく。で、ああおれはぶらぶらしてるけれども、ごく漠然とたぶんこういうことをやって生きてくんだなっていう自覚が出てきました。

——社会運動に出会って、自分はこういうことをしていくんだと。

まあ当時から半可通ぶって何か書いたり話したりすると、古くからの活動家たちには「あんたのやってることは単なる趣味か、それとも運動か」とかって糾弾されたりして。彼らからすると、当時もいまもぼくは世間知らずのおぼっちゃん扱いなんですよね（笑）。で、そういった活動家にはなれないけれども、昔の言葉でいうと同伴者というか、社会運動的な考え方で自分なりに世の中を見ることはできるんじゃないかとは思い始めました。東京と大阪では社会運動でも温度差があって、大阪のアナキストはずっとゆるやかで鷹揚だったんですよ。だからぼくもわりと気持ちが自由でした。

——なるほど、一方でバブルの時代も経験されていて、そういう資本主義的な価値観に違和感を持ったりすることもあったんですか？

バブル時代は学部生でしたが、友達はみんな大学4年で銀行や商社に就職していって。企業の面接受けるのにアゴアシつきで東京まで行って、ホテルも用意されてて、そこで缶詰めになってとか、なんなら1万円プレゼントとか、当時もすげえ時代だとは思ってましたよ。そういうのを横目で見たり聞いたりしてたんですが、自分は単位が全然ないから関係ないなって感じかなあ。で、7年かかって卒業したときにはバブルなんてほぼ終わってました。

——そうでしたか。

だから違和感というか、バブルに関しては…今回のインタビューの企画書に「誰に嫉妬するか」みたいな設問がありましたけど、ぼくが嫉妬するのはその世代に対してですね。たとえば我々より上の世代の出版社、団塊の世代とか全共闘世代とかがつくった版元も結構あるじゃないですか。1~2人から10人ぐらいでやってる中小の出版社とか。彼らは70年代、80年代に会社をつくれば、10年20年でバブル時代がやってくるわけですよ。そうするともう何を出してもそこそこ売れた時代にめぐりあえた。零細出版社なのに自社ビルやマンションや別荘なんか持ってたりして。別にそういうのが欲しいというわけではないですけど(笑)、普通に出版活動をしていれば不動産や不動産を持てたというのはどういうことかと。

——そうか、そこに嫉妬しちゃう。

そうそう。こうした時代の趨勢については自分じゃどうしようもできないですからね。ぼくの親の世代もそうですが、零細サラリーマンとか公務員とか、多少薄給でも家1軒ぐらいはローンで買って、子ども2〜3人育ててということが、経済的にも社会的にも普通にできたじゃないですか。だから彼らの生きた「戦後民主主義」の時代って、日本の有史以来で一番幸せが追求しやすい恵まれた時代だったと思うんですよ。いまはもうそういうのは全部ぶっつぶしていく時代になってますけど。

――うーん、そうですねえ。

個人に対しての嫉妬とかは、歳をとったせいか枯れちゃいましたけど、世代的なものに対しては感じることがあるかな。ぼくが普通に大学4年で出とけばよかったんでそれこそ自己責任ですが、紆余曲折あってもなんとか生きてこれたのも、もしかするとバブル時代という背景があったからかもしれないので、ほんとは間接的に恩恵をこうむっているのかもしれませんけどね(笑)。

――そういう感覚ですか…。大学院は京大に行かれてますよね。

さきほどから話に出ている京都大学の池田浩士さんに誘っていただいたんですね。ぼくは池田さんにはその後もずっとお世話になっていて、文字どおりの恩師なんですが、そのときは京大に人間・環境学研究科っていう新しい大学院ができるから一緒に勉強しませんかって言われて。まあ池田さんもぼくがあまりにもぼんやりしてたんで、このままだと沈没するとでも思ってくれたのかもしれません(笑)。そうやって声をかけてもらえただけでもすごく嬉しかったんですけど、なにせこちらは学年末試験すらまともに受けたことがなかったんで、院試なんてそんな簡単に通るんだろうかと。大学を出てしまうと生活があるし、昼間からぶらぶらしてるわけにもいかなかったんで、広告会社に就職したり本屋でアルバイトしたり、かれこれ3年ぐらいブランクがあって、ようやく院試に通った感じです。何をするのものろくて、常に周回遅れなんです。

——大学院の前に、1回就職してるんですね。

1回だったかな（笑）？　院試が目的とはいっても食わないといけないので、バイトも含めていろいろやりましたねえ。一番お世話になったのは大阪市内のデザイン会社です。求人誌でコピーライター募集のような記事を見つけて、やったこともないのになんでもやれますみたいに言ったら本当に雇われた（笑）。

——なんでまたコピーライターができるだろうと思われた？

朝日のバイト時代もそうですし、池田さんたちとやってた社会運動関係の媒体でミニコミつくったりとかパンフレットつくったりとか、文章を書く機会もそこそこあったんで。ダメならダメでいいから、当たって砕けろ式でその会社を受けてみたんですね。

——ああ、なるほど。

そのデザイン会社は10人もいなかったですが、コピーライターで雇われたのはぼくが最初で、その後もずっと1人でした。あとはデザイナーばかりで。で、入社して初めてわかったんですが、コピーライターの仕事って、建材とか日用品や衣類、旅行案内なんかのカタログやパンフの売り文句みたいなのを書くことがほとんどなんですよね。それでもよくあるじゃないですか、ポエムっぽいリード文のようなエンドユーザー向けのコピーって。ああいうのはわりとうまく書けて、他の社員からもまさかこいつが初心者だとは気づかれずに(笑)、新規の仕事も取ってきたし無難にこなせてたんですが、工務店やホームセンターのような業者向けのプレゼンツールのようなものをつくるときが大変で。あるとき、施工業者向けのカーペットのパンフにコピーを書くことになったんですが、こちらは文学少年くずれで、施工現場のプロが参照するような言語や経験や知識がまったく身についてないわけですよ。先方が求める勘所のようなものが全然つかめないまま馬脚を現しちゃった(笑)。5回ぐらい書き直してもクライアントからゴーサインが出ないまま、結局、外注先の大先輩が担当することになって。たぶん先方も気を遣ってくれたんでしょうが、担当が変更になったことも教えてくれなかったんで、結構落ち込みましたね。

――それは悔しいですよね。

いま思えば傲慢ですが、自分の文章で食っていけるじゃんとか思い始めてたんで、余計に悔しかったですね。ほんとはそんな実力なんてまったくなかったし、そういった葛藤は大学院に行ってからも、もちろんいまでもずっとありますけれども。でも、そのデザイン会社には大学院に入ってからもバイトさせてもらえて助かりました。そこの社長は、缶詰の缶に自分のデザインが採用されたときが人生で一番嬉しかったと言ってててね。缶詰自体にデザイナーの名前がクレジットされることってないじゃないですか。でも商業デザインのプロってそういうもんなんだなあって。商業コピーもそうですけど。そのへんは記名性が問われる研究者や出版関係の仕事とは異なる部分ですよね。だけどこの会社も、こちらの時給が高くなりすぎて修士1年目で辞めることになり、会社自体もその後数年で解散したと聞きました。これもバブルの余波ですね。

論文は書けても単位はゼロだった

――京大の大学院に入って、研究対象としてはどういうものを?

高見順とか武田麟太郎、あるいは葉山嘉樹のようなプロレタリア作家を中心に、転向や戦争文学などなどという感じでしょうか。でもいわゆるプロレタリア文学っていうのは共産党の御用文学みたいなイメージがずっと濃厚ですよね。中野重治はちょっと違いますが、小林多喜二とか宮本百合子とか徳永直とか、いかにもな感じがあるじゃないですか。工場労働者が団結して階級社会を変革するぞ、みたいな。ただ、ぼくの関心は、さきほどから同じことばかり話してるような気もしますが、それよりもっと底辺を描いた作品で、従来のプロレタリア文学とはまったく違うものだったから、そこに隘路《あいろ》が見つけられるとは思っていました。高見順の『いやな感じ』に出てくるじゃないですか、浅草でぼんやりしてる人とか遊廓の女性とか、工場やオフィスの労働者なんかよりもっと下向きの、団結する力もないホームレスのような人たち。

――うんうん、出てきますね。

そういう人たちを描いた作品が歴史的に結構あるんですが、そのへんはぶらぶらしながら濫読《らんどく》してたのが役に立ったというか。で、その頃、ドストエフスキーの『罪と罰』を初めて完読したんです。これは1892年に英語からの重訳で初めて日本語に翻訳されるんですが、よく言われるような主人公の犯罪心理とかなんとかの前に、ロシアのペテルブルグの本当にもうスラムみたいな場所ばかり書かれてて、なんだぼくの専門分野じゃないかって(笑)。実際、これを読んで日本のインテリたちも同じような底辺社会が日本にも東京にもあることに気づいてしまう、ということにようやくぼくも気づいた。松原岩五郎の『最暗黒の東京』、横山源之助『日本の下層社会』などなど、いまでも岩波文庫に入ってるようなルポや調査報告が生まれてくるのと同時に、そういう底辺を描いた小説も生まれてくる。樋口一葉でも暗黒社会の話ばっかり書いてますよね。でも既成の文学史では、そういう視点はほとんど無視されていて。

――そうなんですね。

マルクスが『共産党宣言』のなかでルンペンプロレタリアートって呼んでる、いまで言うホームレスのような人たちは、政治的に変節しやすいスパイ、要するに社会のゴミだって規定されてるんですよ。ルンペンというのはまさにドイツ語でゴミの意味なんですけど、マルクスがそういう扱いしかしてないってんで、いわゆる共産党史観もそれを踏襲しちゃう。底辺の人たちは革命なり革命運動なりの担い手になり得ないと排除されてたんです。なので、そういう人たちを描いた文学作品の歴史をたどりつつ、ロシア文学をはじめ日本が影響を受けた海外文学との比較文化論的な要素も入れながら、「底辺下層文学史」っていうのをテーマにしてました。でも、やっぱり単位が全然なくて(笑)。

――論文は書いてたけど、授業に出ないから単位がゼロってことですか？

そうそう。まったく学習がないですよね。教室にいる自分が想像できなくて。でもいろんな研究会とかにはあれこれ参加してて、論文の数だけは人並みにあった。だから業績だけは多いんだけど、単位はゼロ。だけどもういいや、自分が研究者に向いてるかそうでないかはどうぞこの修士論文で判断してくださいっていうつもりで、とにかく1週間くらいで書いて、事務に提出して、そのうえずうずうしく公聴会まで参加して、大教室で一席ぶった(笑)。そしたら池田さんに「もう何をゴニョゴニョやってんだ、博士課程に行くんだったら、いまから研究室回って単位くださいって頭を下げてこい」って言われて。

――ああ、その修論を持って。

「他の院生は堅実に着実に勉強してるのにおまえはなんだ、偉そうにふんぞりかえってないで恥かいてこい」ってことだったんでしょうけど。それで1週間かけていろんな研究室を初めて行脚して、すみませんって言って回って。当然ですが「何しに来たの」って門前払いの方もいたし、「まあ仕方ないな」っていう方もいて。いまと同じで悪目立ちしてたのかな。で、かろうじて博士課程に進んだら進んだで、これまた大きな挫折が来るんですね。

難聴になったから、テレオペをやってみた

——大きな挫折…。

その頃は結構調子に乗ってたんでしょうね。博士課程1年目のときに、日本学術振興会の特別研究員っていうのに応募したら通っちゃって。いまではたくさんいるようですが、当時は本当に狭き門で、学内でも5～6人ぐらいしかいなかったんじゃないかな。そうしたらある日、突発性難聴になっちゃって。

——ああ…そうなんですね。

左耳がいまでも聞こえないんですよね。結局、治んなくて。もう耳鳴りがわんわんわんわん、それが博士課程2年目だったかな。もうしんどくなって、ガクッと何もする気がなくなった。普通なら大学院を出てる年齢で進学したんで、就職のことなんかもあったんですが。

——そのストレスが原因で突発性難聴に？

それが原因かどうかはわかりませんが、発症する前後はしんどくて、活字にできない狼藉も学内でいろいろあったかも(笑)。で、1週間ほど入院して24時間ステロイドを打たれたのに、治らないまま退院させられて。だけど耳鳴りが気になって眠れないし、音楽もまともに聴けないんで、不眠症が高じて鬱になって。薬も効かないので、眠剤と抗鬱剤をばんばん飲むためにアルコールもあわせて飲んでると、学振の毎月の給与がほとんど薬とアルコールに消えました(笑)。

——沈んでいたのは、どのくらいの期間だったんですか。

1年弱くらいかな？　当時は長く感じましたけど。とにかく耳鳴りがうざいんですが、医者は「そのうち慣れる」とか「もう一方の耳を大切に」とか勝手なことしか言わないから、どうやって克服しようかと、まあ自分なりに無い知恵しぼって考えた。薬とアルコールじゃ治らないのは理解できたんで(笑)。で、結論的に、耳が悪いんだったら耳を使うアルバイトをしてみようと思って、進研ゼミの苦情受付係みたいなテレオペ、あれやってみたんですよ。

——あえて耳を使おうと……！

あれも最初はめっちゃハードでしたねえ。マイク付きのヘッドフォンを装着して、片っぽの耳は電話の向こうのお客さんの声を聞いて、片っぽの耳はオペレーターの女性たちから飛んでくる指示を聞いてお客さんに応えるんですよね。やっぱり両方の耳で聞き取らないといけないのに、一方が聞こえないから、かなりストレスでした。とか言いながらも、時給がよかったから、自分をだましながら半年はやったのかな。オペレーターの女性たちから「人の話を聞いて！」とかよく叱り飛ばされましたねー。テレオペとか教育産業の裏の面も見えて面白かったけど、もうやりたくない（笑）。

――力技で克服されたんですね。

これが克服といえるかどうか、医者の言うとおり「慣れた」だけなのかも…。でも「なんだ、人の話なんてそもそも話半分でちょうどいいんじゃねえか」と居直れるようにはなりました。まあでも学費払うのも大変だし、無理して研究者を目指すのもいいかげん面倒になって、博士過程の途中でフェイドアウトしました。もう留年して翌年の生活のこととか考えるのがしんどくてね。留年中のことは、いまでも寝てるときに悪夢のようなものを見て飛び起きることがありますけど（笑）。それで誰にも相談せずに、勝手に大阪の編プロ兼出版社みたいな会社に就職しちゃった。

――勝手に…。それは、どんな編プロだったんですか？

作文の通信添削がメインで、絵本や教育書の出版もやってて。社長が女性で社員もほとんど

DAVID BOWIE
RICHARD HELL & THE VOIDOIDS/BLANK GENERATION
CHRIS BELL
DAMNED DAMNED DAMNED
賀正
THE ROOTS OF LED ZEPPELIN
レッド・ツェッペリン
KIYOSHI KITAGAWA TRIO LIVE IN JAPAN
LES ENFANTS
MADONNA

女性ばっかりというユニークなところでした。面接までいって一度は落ちたんですが、数日後にまた電話がかかってきて呼び出されて。そしたらそこの社長が、「小学生に特化した作文の通信添削講座をつくるのがずっと私の夢だった、だけどなかなかそれを任せられる人がいなかった、下平尾さんは京都大学出身でデザイン会社にもいて添削のアルバイトしたこともあるんですよね、ぜひやってください」って。ぼくは一貫して当たって砕けろ式で砕けてばっかりなんですが、このときにしても、なにせそれまで最暗黒のポンコツ生活だったたし、自分に何がどこまでできるのか試すのにちょうどいい機会だと。

――ぴったりの人材だったんですね。

その通信添削講座をある著名な教育学者の冠にしたいっていうので、社長と一緒にその先生を都内まで口説きに行ったり、その方の作文の本を編集したり、さらにはその方のところに話が来てた他社の企画で5~6冊つくったり。それと同時に、作文の通信添削講座をゼロから立ち上げたんで、いま思うと、とんでもなく働きましたね。1年8か月しかいなかったのに、何人分働いたのか(笑)。その作文通信教育部門の受講生だって、ゼロから始めたのに辞めるときには1000人弱にはなってたんで、自分としてはよくやったかなと。いまでもその通信講座は続いてるようですし。こちらも社会復帰戦というか、あまりにも会社からの要求がデカすぎたんで、能力以上に全力投球できたというか、それで解放されたというか。

――それまでにやってきたことを生かせたということでしょうか。

そうですねえ…。作文教育の通信講座を一から立ち上げるのも、冊子や副教材の編集や校正だけでなく、いろんなことができないといけなくて。部署にはぼくしかいなかったから、社内から応援を募るために他の編集部に頭を下げて協力を要請することから始まり、デザインや子ども向けのキャラクターの方向性を決めたり、イベント屋になったり、広告関係やマスコミに話を持っていったり、なんでも自分でやるしかなかったです。その会社の社長の紹介やコネもありましたが、それも利用しつつ全部一から関係をつくらないといけなかったんで、のちに共和国をつくるときに既視感があったというか。いま思えば、社内でひとり出版社をやったような感じですね。

――そうした経験が出版社につながったんですね。

その会社だって出版業界的にはほとんど無名でしたが、ぼくが編集して出した作文の本はたしか初版2万部で、重版もしたんですよ。もう共和国になってからつくる本よりもケタ違いに部数が多い(笑)。だけどそういった作文講座や教材ではなく、人文書とか文学作品とか、自分が影響を受けた本を出すような出版の仕事がしたいなと、そのとき初めて考えた。その女性社長とも方針をめぐってしょっちゅう喧嘩しましたが、よく飲みに連れてってもらったし、大事な仕事も任せてもらえたしで感謝してます。数年前に亡くなったんですが、コロナ下で葬儀にも出席できず、退社してからは会う機会もなかったですけど。

面接で2時間しゃべって、出版社に入社

——そして入社した出版社が水声社、ですよね。

いや、まだ早い(笑)。その作文教育の編プロを辞めたあと、一足先に独立していた友人の事務所の一角を借りて、大阪市内でフリーで編プロの仕事をやってみたんです…。が、全然仕事がなくて。デザイン会社時代の友人に無理言って仕事もらったりして1年がんばったけど、それでも仕事が5件か6件か。個人的にも関心が編プロより出版だったんで、有名な朝日新聞日曜版の求人欄を見ていたら編集者募集の広告を見つけて。面接を受けに思い切って上京したんですよ。それが水声社でした。面接のとき、自分はこれまでこんなことやあんなことをやってきて…としゃべってたら、朝10時に始まったのに終わったらランチタイムで。

——2時間しゃべったんですか…!

合否は追って連絡しますと言われて2か月待ったんですけど、なんの連絡もありゃしない。ダメなら次を探さないといけないのでこっちから電話したら、ああ合格みたいですよ、2か月後からお願いしますとか言われて。さらに2か月先かよ、それまでどうやって食うんだって(笑)。仕

方ないから大阪南港の倉庫でピッキングとか宅急便の仕分けとかの短期バイトでしのぎました。

――ともあれ入社されて、手がけたなかで思い入れのある書籍というと。

選べないんですが、やっぱり藤原辰史さんの『ナチスのキッチン』ですね。著者の藤原さんは大学院のときの後輩で、同じ池田ゼミだったんですね。彼としては面倒な先輩と仕事するのはやりにくかったかもしれませんけど(笑)。この時期にちょうど東大の農学部で講師をしていて、うちの勤め先とも近いし、そのあいだに原稿を上げてくれました。水声社では外様というかアウェイ感しかなかったのでありがたかったな。しかも一読してこれは話題になると思ったし。で、出版直後には、HONZという主にノンフィクションを紹介するレビュアーサイトで紹介されて。それが大きかった。

――そういう形で話題になったんですね。

2012年に出た本ですが、独立するときに退職金代わりに権利を譲ってもらって、共和国で決定版を出しました。藤原くんはいまや大活躍ですね。あと、『バナナの皮はなぜすべるのか?』っていう本も面白かったな。すべって転ぶバナナの皮のジョークを、チャップリンとかバスター・キートンの映画から『ドラえもん』のような漫画に至るまで悉皆《しっかい》調査してあって。

――ほおー、その著者はどういう人なんですか?

OLだったかな。持ち込み原稿ですが、何年もこちらに眠ってたらしく、「返却しといて」って言われたんですが読んだら面白くて。で、著者に直接会って聞いたら、当時非常に充実したバスター・キートンのファンサイトを運営してた人だったんですよ。ぼくもキートンが大好きでよく閲覧してたサイトだったんで、一気に盛り上がって。読売だったか、亡くなった黒岩比佐子さんが書評を書いてくれて話題になりました。黒岩さんとはそのうちお目にかかりましょうと言ってたんですが、その後すぐ亡くなって、伝通院横でのお通夜にだけ出席しました。

——そうでしたか。そして、つくる本の冊数がどんどん増えていったと…。

ははは、馬鹿みたいですが、最初の1年目のときノルマは8冊だっていうから8冊出したら、次の年から10冊出せ、その後は12冊、14冊、15冊…と増えていって。最後の年は12月に4点とか、もう『週刊下平尾』でした（笑）。書評に掲載されたり話題になった本も多かったんですが、それでもあれこれ言ってきたんで辞めたんですね。

——よくそんなに出せましたね…。

上京するとき、関西の交友関係は断ち切るつもりで出てきたんですが、なんだかんだでほとんどおんぶに抱っこでした（笑）。ここまでの7年ほどがぼくの東京デビュー戦ですね。で、独立することにしたとはいえ、ほんとに薄給だったんで資金も貯金もないし、上京して7年目でそんなに知り合いもいないし、すぐにおまえを雇ってやるって会社もないしで、どうしようかと思って。昔からお世話になっていた左翼系の出版社の後継者的な話もあったんですが、池田浩士さんから、「下平尾くんが党派のいろんな人たちとうまくやれるわけがないから、ひとりでやったほうがいいんじゃないか」というような内容の長大な手紙を頂戴して(笑)。

――ふふふ、よくわかっていらしたんですね。

だけど、いま事務所にしてるマンションを35年ローンで買ったばかりだったんで、もう背水の陣でしたね。

本で社会は変えられなくても、頭の中は変えられる

――共和国を創業した2014年頃は、ひとり出版社はまだ少なかったですよね。

最近はひとり出版社のつくり方とか経験談みたいな本も結構出てますけど、その頃は具体的なノウハウなんて全然わかんなくて、全部聞きに行くしかないですよね。いまは版元間の横のつながりも結構密になったように思いますが、古くからやってる人たちに聞きに行ったって、具体的なことなんてなんにも教えてくれなくて。「出版は情熱だよ」とか意味わからんことしか言わないし、どうも新規参入で自分たちの既得権が侵犯されるのを警戒してるような口ぶりで(笑)。

なので、こちとら言われなくたって当たって砕けろ式ですよ。トーハンや日販とか大手はそもそも無理だとして、じゃあ流通はどうするか、倉庫はどうするか。ころから（２０１３年設立の小出版社）の本がトランスビュー経由で出てるって知って、会ったことはなかったけどトランスビューの工藤秀之さんに手書きのラブレターを送ったら、すぐにやりますよと返事をくれて。トランスビューは取次を使わずにできるだけ書店の取り分を多くするというところにも共感しましたが、実務的なことでいうと、こちらで納品書とか請求書とかを作成しなくていいし、在庫もトランスビューの倉庫に預けちゃえるから、書類やら管理系の仕事がほんとに苦手なぼくにとっては他に選択肢がなかったですね。それ以来、ずっと工藤さんにはお世話になりっぱなしです。最初に彼の事務所に行ったときはうちが4社目か5社目くらいでしたが、いまや一大流通会社ですよね。

——ちなみにその頃には、ご結婚されてますよね。

上京して1年か2年後だったかな。出版はリスクが大きいので法人はぼくひとりでやってますが、そもそも独立して会社をつくるなんて考えてなかったし、創業後も借金したり泥酔したりで迷惑ばかりかけてるので、そのうち捨てられると思います。ははは。

——そうでしたか。いま設立から11年目で、かなりの刊行点数ですよね。

まる10年で90点強だから年間平均で8点か9点ぐらい。がんばっても年に10点くらいで、それ以上はバテますね。最近は持ち込まれる企画も多いし、アドバンス（翻訳の前払い印税）は払ってるけどまだ本にできてない翻訳物もたくさんあるし。こんな自分語りなんてしてないでばんばん働けよとの天の声が聞こえてきます…。

――出したなかで、特に思い入れが強い本というと？

さっきもそうですが、そういう質問はいつも答えるのが難しいです…。なので、自分が編者になって出した本だと、読んでくださった高見順の『いやな感じ』とか武田麟太郎の『蔓延する東京』、最近出した（1997年に死刑が執行された）永山則夫の『小説集成』とか、ああいうのは思い入れがあります。それこそ大学院の頃から勉強してたり自分が好きなテーマだったりするので、もうマニアックに資料を集めて解説も自分で書きましたよ。でも、仕事としてなら、自分以外の著者の本を出すほうが面白いですよね、本当は。自分が知らないことは勉強になるし。

――共和国で出すのが初めての本になるという著者もいますよね。

いまはどこもいわゆる「部数を持っている」著者の本しか出さないじゃないですか。それじゃ面白くないから。すぐには売れないかもしれないけれども、新しい著者を世に出すのが零細出版社の仕事だとは思っています。春に出した松井理恵さんの『大邱の敵産家屋』とか、以前出した中村寛さんの『残響のハーレム』もそうですね。アカデミックなものだけでなくても、活動写真の弁士をしている片岡一郎さんの『活動写真弁史』とか、エッセイストの福間恵子さんの『ポルトガル、西の果てまで』とか。海外の作家でも、ジャック・タルディのBD（フランスのコミック）『塹壕の戦争』なんて現地では現代の古典のように評価が高いのに日本では紹介されてこなかったですし、イルマ・ラクーザ『ラングザマー』やカルラ・スアレス『ハバナ零年』のような現代作家も初訳です。

――どれも面白そうです。10年やってきて、どうですか？

感謝しかありませんよ。著者や訳者、装丁などのデザインを全面的に担っていただいている宗利淳一さんやDTPをお願いしている人たち、それに読者の皆さんはいうまでもありませんが、資金繰りが悪化するたびに迷惑をかけがちな印刷会社さんとか。うちなんかベストセラーもないから、資金繰りのことを考えるといますぐ逃げ出したくなる（笑）。それに10年やってるとそれはそれで新しい悩みも出てきますから。ひとりでやるのもそろそろ限界かな、とはこの数年、常に思っています。

――持ち込みも多いということですけど、出すか出さないかの基準みたいなものは？

完全にぼくの好みで、売れるかもしれないけれども自分が読みたくないものは出しませんよね。絶対出さないのは差別的なものですが、とはいっても結論が決まっているようなのもつまんない。なので交遊関係とか勢いみたいなのが大きいかな。

――なるほど。共和国のサイトに「世界を書物でロマン化します」っていう宣言がありますよね。

それこそ中2病をこじらせてるように見えますよね（笑）。これはシュレーゲルとかノヴァーリスとか、大好きなドイツ・ロマン派から拝借した文言です。ロマン化っていうのは、世界を変えるっていうか、革命ってことなんですよ、簡単に言うと。ドイツ・ロマン派がフランス革命の影響のなかから飛び出してきたような。自分がブッキッシュに生きてきたせいもあって、フィクションの中を生きるというか、現実を変えることはにわかにはできないけれども、考え方や感性に影響を与えるくらいのことはできるんじゃないかと思っていて。せめて読者の頭の中を本で革命したいんですね。

――フィクションの中を生きるって、いい表現ですね。

逆にいえば、政治的なことも含めて、いまの社会や現実ではない社会や現実をどうやって実現させるかですよね。百歩譲ってイデオロギーを抜きに客観的に考えても、いまの日本の政治社会経済はもうどうしようもないじゃないですか。そういうことを批判するにせよ、じゃあ自分はどういう政治や社会や経済が理想なのかということは、いろんな角度から考えてみないと。それには小説やルポルタージュを読んでみるとか、哲学思想でも自然科学でもアートでもなんでもいいですけど、とにかく読んで、そこからできるだけ具体的な次の一歩につながれば、というのが理想ですね。

――確かに、そういう本を出されていますよね。

獄中者から手紙が来た

――読者からもいろいろ反応が来ると思いますけど、印象的なものはありますか？

つい先日、『永山則夫小説集成』（２０２３年に共和国から全2巻を出版）で知ったのかもしれませんが、獄中者から手紙が来たんですよね。

――おおーー、そんなことが。

手紙っていっても、御社の本に関心があるので目録送ってください、ぐらいしか書いてないいんです。普通、受刑者は差出人のところに拘置所とか刑務所とは書かないので、住所と名前だけなんですけど、便箋を見たらわかるわけですよ、スタンプが捺されていて。で、こういう殺人をしました、刑期は何年で、とか自己紹介が数行だけ書いてあって。何か欲しい本があったら差し入れてみようとは思ってるんですけどね。

――いいですね。

もちろん獄中者にだけ届けようと思って本をつくってるわけじゃないですけど、電子書籍だと獄中には届けられないから、紙の本にしかできない役割がまだあるんだと気づかされて。紙なら電気がなくても明るければ読めるし、いろんな環境にいる人にも手に取ってもらえるから、やっぱり社会的に必要な、人に届くものだよなとは改めて思いました。むしろ獄中の手紙から、こっちがいろいろ考えるきっかけをいただいたっていうか…。こんな暗い話でいいのかしらん。

——暗い話では全然ないですよ。永山則夫の小説集成も含めて、やっぱりどうにもならない人たちの声を拾いたいとか光を当てたいという気持ちがあるのでしょうか。

どうにもならないというか、小説などなどのエンターテインメントだって、いろんな意味で社会的に活動していない人にもほんとは届いたほうがいいですよね。テレビやパソコンやスマホを持つことができない人たちや社会階層も含めて。飛躍するようですが、人間って綺麗なだけじゃないし、わかんないじゃないですか。自分では人を殺してないはずですけど、共和国という屋号で出版活動しようとしていたのに下平尾に盗られたって自殺した人がいないとはかぎらない(笑)。高見順の『いやな感じ』でも主人公のそういう問いかけが描かれてましたね。「犯罪にならない殺人のほうが、ずっとタチが悪いんじゃないかね」「君の野心、あんたの功名心が人を殺している場合がありゃしませんか」云々のような。

——あの本は衝撃的でした。

実際我々の祖父ぐらいの世代だったら戦争にも行ってるし、戦場で人を殺しているけど、家では語ってないだけってことは十分あり得ますよ。だけど戦争で人間を殺したら勲章をもらえたし、帰還もできた。永山則夫の場合だって、被害者の遺族からすれば許せないでしょう。永山の場合はしかも警備員とかタクシー運転手とか、高齢で深夜労働しながらしか働けないような人も結果的に殺してしまった。本当だったら殺してはいけない人を殺してしまったことに、彼は捕まってから気がつく。それが彼にとってすごく大きな後悔になった。でも、同じ殺人なのに、戦争なら勲章で、戦後なら死刑なのかって。

――はい。

そういうのってずっと変わらないですよね。『いやな感じ』は100年ぐらい前の、1920～30年代が舞台になっている作品ですけど、そこに描かれてるような人たちって、いまでもいるじゃない。セックスワーカーや浅草公園のホームレスもそうですが、なんなら世界ではいまも普通に戦争があって兵士になったり犠牲になったりしてる人もいくらでもいる。その構造的な問題はそんなに変わってない。だから戦争でも経済でもスマホでも、強いものや持てるものが勝てばいいみたいな社会は、個人的には関心がないんですよね。だから藤川さんのいう「どうにもならない人たち」というのか、あるいは敗北者とか犯罪者っていっていいのかわかりませんが、そういう人にしか見えないものだってあるはずなんで、そっちを可視化することに惹かれますね。

――なるほど。

出版も一種の社会運動で、本はそのためのツールというか凶器だとは思ってるんですよ。と同時に、本は人を幸せにするものでもあって。たとえば『永山則夫小説集成』が仮に500部しか売れなくても、500人には届いてるわけですよね。大袈裟にいえば、それはこの腐った日本の世の中で、ぼくにとっては救いというか、光って見える。この部分ではここから始めればいいんだっていうことが本によって可視化されるわけですから。まあ凶器という言葉はだいたいこっちが発明したツールを警察や公安が勝手に凶器扱いしちゃうもんですが(笑)。

見えない誰かが自分をつくってくれている

——影響を受けた本と音楽を持ってきてくださったとか。

本は2冊だけ持ってきました。池田浩士さんの『抵抗者たち』は、最初は1980年に出たものをうちで増補版として復刊したものです。ここでいう抵抗者は主にナチスに抵抗した人たちのことですが、とても刺激的な一節があるんですよ。読んでみますが、「ファシズムに抵抗するということは、敗北を運命づけられている少数者の闘いを開始するということである。『われわれが敗れたのは、われわれが少数だったからにすぎない』という言葉を、あらかじめ自己の行為に刻印するということである。それればかりではない。ファシズムに抵抗するということは、日々の生活をともにする最も身近な隣人たちに抵抗することでさえあるのだ」(『抵抗者たち』24ページより)とかね。

——すさまじい覚悟の宣言ですね。

でも、ひとりでやる出版社って、こういうことだと思うんですけどね。ぼくの場合はたまたま現在の日本がいやだとか社会がいやだとか言ってて、自分がいやなことはお金に困ってもやらないと思ってるんですが、でも前の戦時中も出版にはそういう歴史がたくさんあるんですよ。ぼくが子どもの頃から読んでた文庫本の出版社でもどこでも、みんな戦争に〝負け〟てる。資材を配給制にされると国の言うことを聞くしかないからですけど、戦争に〝負け〟たのは国家じゃなくて、出版も含めた自分たち自身なんですよね。敗戦とかいっても日本は自分たちで天皇制や軍部に勝ったわけでもないですし。で、自分で出版社をつくった以上は絶対に同じ轍《てつ》は踏まないぞ、くらいには軟弱ながらも思ってて。これからの時代わからないですからねー。そこはやっぱりいま読んだような一節と非常にモチベーションが近いと思っています。むしろもう〝負け〟からしか始められない時代かもしれませんが。

——〝負け〟からしか始められない…。

本は電子書籍と違って、一度出版してしまえば地球が木っ端みじんにでもならないかぎり必ず

1部は残るでしょうから、そこにかすかな未来への希望があるのでは、と(笑)。

——それが下平尾さんのコアにあるんですね。

もう1冊は、栗原幸夫さんの『肩書きのない仕事』というエッセイ集です。栗原さんは編集者で批評家で、埴谷雄高とか中野重治、堀田善衛とかそういう人たちと一緒に活動してきた方です。私の恩師のひとりですね。

——これは結構古い本。

古いといっても1977年なので、そんなに古くないかな。1960年代中盤のベ平連(ベトナムに平和を!市民連合)は、反戦運動っていっても単にピースマークでデモをしただけじゃなくて、アメリカの脱走兵を日本経由で国外に逃がすっていうかなりラジカルな匿名の運動をしていたんです。その司令塔だったのが栗原さんで、そういうことなんかも書いてあるんですけど、何が素晴らしいってこのタイトルです。ぼくも自分の仕事を肩書きのない仕事だと思いたいから。出版とか編集とか呼ばれる仕事をしてますが、ほんとは肩書きとかジャンルなんてどうでもいいんですよ。うちから出してる本にもたまにジャンルレスな本がありますが、すごく大きいことを言うと、やっぱり共和国というジャンルにしたいですよね。これは唯一ぼくが大きく言える理想かもしれない。

——なるほど、共和国というジャンル。すでに確立してると思いますけどね。

全然そんなことはなくて、もっといろいろやりたいことがある（…と、これから出す数冊の本の話を10分ほど熱く語る）。まだまだ若い人には負けられない（笑）。

――いまみたいに、手がけた本の話をされてるときが一番生き生きされていますね。

そりゃ自分の恥だらけの過去のことを話すよりは楽しいですよ（笑）。さっきうちの企画には持ち込みが多いって話になりましたが、だからある意味ではぼく以外の皆さんのほうが、たぶん共和国っていうのはこういう出版社だと意味づけしてくれてるんですよね。その話とつながるんですけど、影響を受けた音楽でいうと、リチャード・ヘルという初期のパンクのミュージシャンがいます（CDを取り出す）。彼はこのアルバム『ブランク・ジェネレーション』ともう1枚出しただけで音楽家としてはほとんど一発屋でして、最初に聴いたのは高校生の頃だったかな。当時はLPでしたけども。ダサいジャケットなんですけど、ここ（本人の裸の上半身の胸のあたり）に「YOU MAKE ME」って書いてあって、これがもうぼくにとってのパンクの精神なんです。

――「YOU MAKE ME」が？

企画を持ち込んでくれた人が共和国ってこうじゃないかっていうのと同じで、今回も藤川さんが共和国の下平尾ってこうじゃないですかと、むしろぼくには見えていない価値とか意味とかいろんな考えを与えてくれることで、こちらも調子に乗って何かできる気がするんですよね。

――ああー、なるほど。

基本的にはDo it Yourselfというか、当たって砕けろ式でずっとやってきて、こけたらこけた、失敗したら失敗した、資金繰りうまくいかなかったらうまくいかなかったで、全部自分が責任取ればいいやと、それがひとりでやるメリットだとは思ってるんですよ。だけど何年も前のことですが、某版元の編集らしい人が、ぼくが投じたツイートを取り上げて、「彼はひとりでやってるからできるんだ、おれは会社の人とか家族を食わせないといけないから」みたいなことをエアリプしてるわけ。いやいや、そのあんたの会社の営業人間とか家族とかは、ほんとにあんたに食わされたいと思ってんのか、と言いたかったですけど(笑)。そんなやっかみみたいなことを言うなら、自分で独立してやりゃいいじゃないか、ひとりで誰でも食わせりゃいいじゃねえかとは思いましたよ。もちろん、ひとりでやることは楽しみでもあるけど、だけどやっぱりしんどいとか面倒だとかいう面は非常にあって、それは痩せ我慢せずに普通に肯定したいですよね。だって売れないかもしれないけど自分が出したいという本を1冊出すための大変さといったらないからね。逆にこちらからすれば、会社勤めなら会社や上司がダメだといえば諦められるんだから気楽なもんだなとか、そもそも誰もが知ってる会社の名前で仕事ができるんだから幸せやろとか思うんですが、お互いにそんな悪態をついてても不毛ですもんね。で、我々は、その面倒くさいのも含めて楽しめるかどうかだと思うし。

——本当にそうですね。

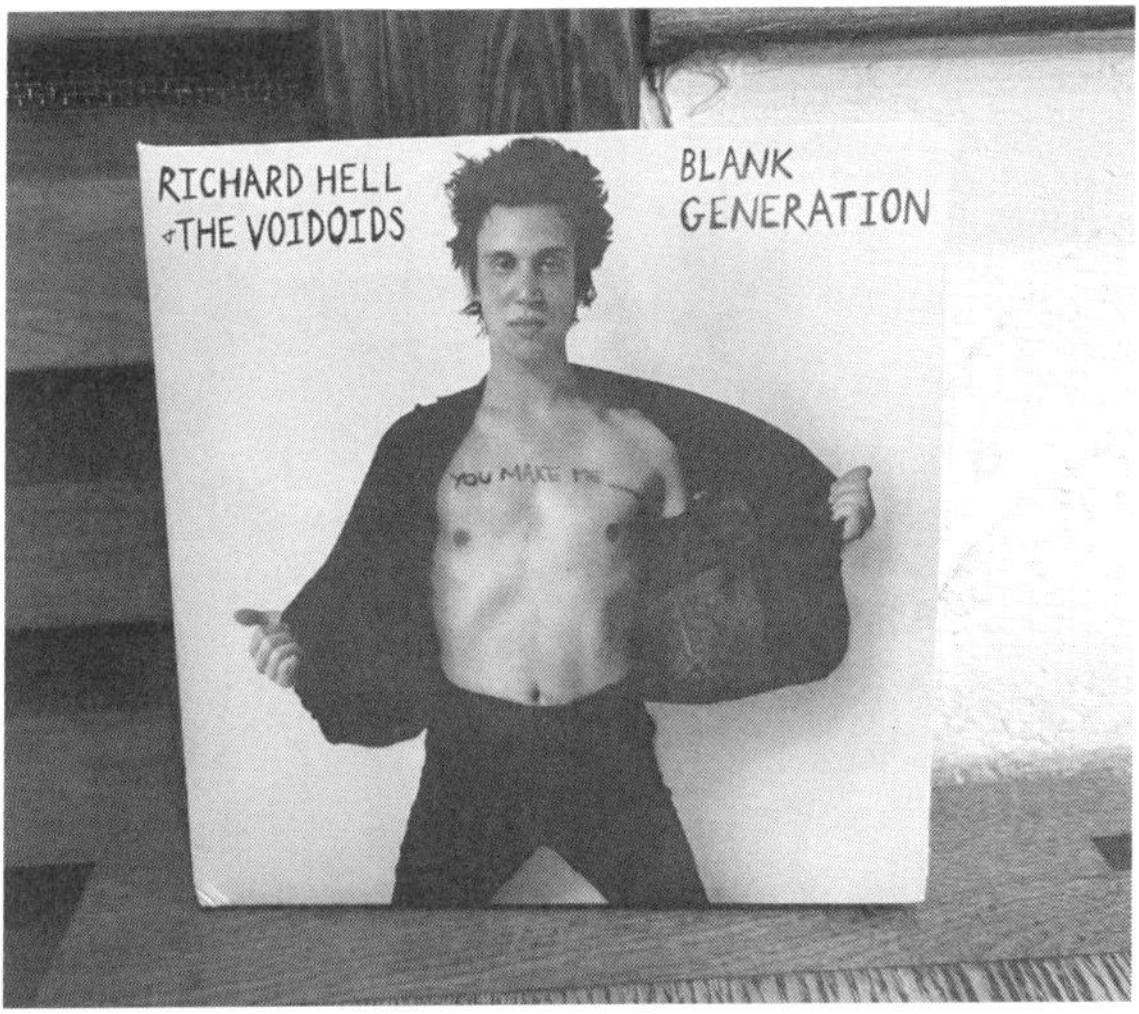
RICHARD HELL
& THE VOIDOIDS
BLANK
GENERATION
YOU MAKE ME

肩書きのない仕事
栗原幸夫
三一書房

共和国ってああいう会社だとかこういう会社だとか良くも悪くも言われますけど、仮に悪口だとか誤植が多いだとか書かれても、それはそれでやる気になるっていうか。ひとりでやってる分だけ視野狭窄になりやすいのは事実だし、それだけ自分には見えていない読者、見えていない著者なり著者候補なりが可視化されるということなので。それがそもそも「共和国」という社名の意味なんですよね。だからやっぱり「YOU MAKE ME」の精神なんです。まあこれまでもいろんなところで傲慢だって言われたり、なんなら仕事の途中で喧嘩して投げ出したりしたこともありましたが、わりと謙虚にやってきたほうではないかと自分では思ってますけど(笑)。実際、やればやるほどわかんないこともあるし、わかった気にはなれないので、自分を大きくは見せられないですよ。

自分を阿呆にする精神を持っていたい

――共和国の本の中に入ってる「共和国急使」っていうカードに書かれてる文章を見ると、下平尾さんがこの本を楽しんでつくったんだなという思いがすごく伝わってきますね。

あれ、入ってる本と入ってない本がありますね。印刷したけど後で読んだら文章へたくそだなと思ってボツにしちゃったのも何回かあって。雑誌でいうところの編集後記みたいなもんで、いつも面白い内容というわけでもないんです。最近のブックフェアとかではお客さんと対面で話せる機会も増えてきたけれども、営業スマイルとかできないから（笑）。「共和国＝下平尾」みたいに見られるので、仏頂面でもそんなに悪い人じゃないよってそれでアピールしてます。

――あははは。

いつも怖い人だと思われるんですよね。この前も他の出版社の若い編集者たちから、共和国さんってもっと怖い人がやってるのかと思ってましたとか言われて。

――でも飲みの場では、いつもいろんな人と楽しくやってますよね。

キャッキャやってますけど、それは単に酔っ払うのが好きなだけなんでしょうね。

――お酒好きなのは大学生くらいからですか？

そうですね…失敗談ばかりですけどねえ。大学1年のとき、学園祭でみんなと飲んでて、美味しくもない焼酎をガーッて一気に飲んだら、あとで血のゲロを吐いてぶっ倒れてひどいことになって。

――血のゲロ…（笑）。

ぼくが吐いてるときに川口くんっていう友人が背中さすってくれてたんですよ、「下平尾、大丈夫か」と。そしたら先輩が来て、「おまえ下平尾と喧嘩したのか、血ぃ吐いてるじゃないか」って、川口くんがグーで殴られて、ぼーんと飛んでいって。こちらは薄まる意識のなかで、「川口くんごめん！」って（笑）。

——あははは、漫画みたいな。

そういう馬鹿な話には事欠きませんねー。最近は深酒したらまともに家まで帰れなくて、どうしたらこんなところに着くのかわかんないような駅にいることも多いし。

——いやあ、下平尾さんといえばお酒っていう感じですよね。

本当は弱いんですよ。でも気が小さいし性格が根暗なんで、お酒に依存してるんです。

——うーん、自称、根暗なんですね。

おっさん化が進んだんで、酒席でも最年長になることがだんだん増えてきて、なるべく権威的にならないように、とっととお酒飲んでキャッキャしちゃえばいいかと（笑）。それと関係することでいえば、最近の出版物の妙に主観的な自分語りめいたものとか、苦しみとか悲しみとかの自意識を全面にアピールするような風潮がどうにも苦手なんですよね。このインタビューもそうかもしれませんが。でも、ぼくはやっぱりいま一番欠けてるのは自分を笑う精神だと思ってて。

——自分を笑う……いいですね。

自分を阿呆にするっていうか、自分を茶にするっていうか。そういうのは、それこそ太宰治とか織田作之助とか、ああいう無頼派の人たちから学んだことですね。戯作バンザイですよ。でも昨今の出版の風潮は実は全然違いますよね。過剰で優等生的な自意識がライフハックだとか人生訓みたいに実用書的に消費されてて、そういうのがそこそこ売れるっていうのは、なんか戦時下を思わせます。これは嫉妬という感情とは違って、やっぱり共和国とは目指してるものが違うんだな、うちは永遠に世の中の傍流だなと。

――でも消費されるということでいうと、共和国が出す本は絶対消費されない強さがあるという感じがするんですよね。

いや、ほんとはもう少し消費されたいんですよ（笑）。もうちょっとでいいんで。でもこちらとしては、本という大量生産品をつくってはいるんだけど、読者にとっては一点ものであってほしいんですよね。大した部数じゃないとはいえ、少なくとも自分で解説を書いたり編者になったりする本のときは、具体的な読者として誰かを思い浮かべることもあるし。たとえば『永山則夫小説集成』なら、これまでの関係者とかに届く言葉になっていてほしいとか、そもそも永山の小説を読んだことない人にも届いてほしいとか。そしてその人にとっての愛蔵品になってほしいとはいつも思ってます。

――確かにこれらの本と出会った人にとっては、つくり手と濃いつながりが感じられそうです。

ぼくの性格が何をするにも過剰なんでしょうけど（笑）。

――くだけた内容の共和国急使が入ってなかったり、下平尾さんの実物と接してない人が共和国の本

を見ると、一見ちょっと高尚な感じに見えるかもしれないですね。

それはよく言われますね。堅そうとか難しそうとかハイブローだって。この前お見せした岡田温司さんの『アートの潜勢力』に入れた共和国急使なんかは、おとぼけというかお笑いっぽい要素を入れてますけども。

――本の内容と、そのお笑い的な急使のギャップが魅力的だなって思います。

魅力的かどうかは別として、本って人間なんですよね。たとえ誤植があろうが、汚い古本であろうが。難聴になって思ったんですけど、人間なんてもともと完璧じゃなくて当たり前というか。頭脳だって、たとえば記憶力は悪いけど論理的に考えられるとか、人それぞれじゃないですか。本当に阿呆だとか馬鹿な人なんて一部のドンカンな政治家とか財界人くらいですよ(笑)。しかもこんなにいろんな人がいて、みんなどこかで自分の能力を発揮してなにかしらお金を稼いで飯が食えてるのって、奇跡的にすごいなって。でもそれがその阿呆とか馬鹿とかのせいでだんだん難しくなってるのがいまの社会だって思ってますけれども……。まあたぶん、この本に出てくる人のなかではぼくが最左翼でしょうし、しかも一番根暗で、もう自己嫌悪の塊ですね。全然おしゃれ感はないと思うんですけど、こんな話ばかりでよかったんでしょうか。

――あはは。いやいや、おしゃれ感なんていいんですよ。

こんな根暗なダメ人間でも、読者の皆さんの娯楽や慰安になっていれば、恥ずかしい話をした甲斐があるというもんです。

――やっぱり自称、根暗なんですね。

ČAPEK
Karel Čap
仔犬の生ひ立ち
pek
ČAPEK
ŠEŇKA
ŇKA
EK
Karel Čapek
ŠTĚNĚTE

Dášeňka
Napsal Karel Čapek
pro děti napsal nakreslil fotografoval a zakusil
KAREL
다센카를 위한 8개의 옛날 이야기
내 친구 다센카
of a Puppy
by Karel Capek
小狗达西卡

本書掲載の写真は、該当ページに登場する方々の著作や、制作した本、影響を受けた本や音楽CD、ノートなどの私物、自宅または仕事場の本棚やCD棚など。276〜277ページの本は下平尾直さんの愛蔵品で、チェコの絵本作家、カレル・チャペックの『ダーシェンカ』の各国語版。古くは1930年代に出版された版も含まれる。「このわんこがあまりにもかわいすぎて、ぼくのマニア心が刺激されます」。

月と文社（つきとふみしゃ）

「日常をもっと、味わい深く」をコンセプトに、読むことで自分と対話したくなるような本づくりを目指して、2023年5月に設立した出版社。代表の藤川明日香は25年勤めた日経BPで主に雑誌の編集に携わり、建築誌『日経アーキテクチュア』、米国のライフスタイル誌の日本版『REAL SIMPLE JAPAN』の編集者や、『日経WOMAN』編集長などを務めた。独立後に出版した書籍は、東京を舞台にした50のイラストと短編を収録した『東京となかよくなりたくて』（絵・satsuki、文・月水 花）、独自の軸を持って生きる5人の女性のインタビュー集『かざらないひと「私のものさし」で私らしく生きるヒント』。本書が3冊目の書籍となる。

こじらせ男子とお茶をする

2024年12月11日　第1版第1刷発行
2025年6月6日　第1版第2刷発行

編者　月と文社
イラスト　コナガイ香
写真　佐々木典士（p.97）、ファビアン（p.164）、小野さやか（p.206）、下平尾 直（p.250、276～277）、月と文社
装丁　月足智子
発行者　藤川明日香
発行所　株式会社月と文社
〒104-0045　東京都中央区築地7-16-5-402
https://tsukifumi.jp/
電話　03-6825-2301
e-mail　moon@tsukifumi.jp
印刷・製本　モリモト印刷株式会社

ISBN978-4-911191-02-6

月と文社の本

東京となかよくなりたくて

satsuki［絵］　月水 花［文］

下北沢、渋谷、銀座、上野…東京の街や春夏秋冬を舞台に、上京してきたこと、社会人として働くこと、人間関係での痛みや喜びなど、誰もが身に覚えのある感情と風景を50のイラストと短編で描いた「大人向け絵本」。全編に日本の昭和・平成・令和の音楽タイトルをイメージBGMとして掲載し、読みながら「エアBGM」を楽しめる新感覚の本。全編英訳つき。

B5変判・並製／136ページ／定価2,200円＋税
ISBN978-4-911191-00-2

かざらないひと

「私のものさし」で私らしく生きるヒント

月と文社［編］

フリーアナウンサー・赤江珠緒、家政婦＆料理人・タサン志麻、産婦人科医・高尾美穂、フリーアナウンサー・堀井美香、「北欧、暮らしの道具店」店長・佐藤友子。絶大な支持を集める「かざらない」たたずまいの彼女たちが、何を大事にして生きてきたのかを紐解くフォト＆インタビュー集。他人のものさしに左右されず、自分のものさしを持って生きていきたいと思える、等身大の言葉が散りばめられています。

A5判・並製／256ページ／定価2,200円＋税
ISBN978-4-911191-01-9